AF550079

ENTSPANNT MEDITIEREN

ENTSPANNT MEDITIEREN

Übungen und Tipps für eine entspannte Meditation

Swami Saradananda

Librero

Titel der Originalausgabe: *Sitting Comfortably*

www.librero-ibp.com

REDAKTIONSLEITUNG: Anya Hayes
REDAKTION: Kelly Thompson
DESIGNLEITUNG: Glen Wilkins
DESIGNER: Karen Smith, Luise Roberts
PRODUKTION: Uzma Taj
AUFTRAGSFOTOGRAFIE: Jon Ashford
AUFTRAGSARTWORK: Hannah Davies
MODELS: Sarah Odell und Sarina von MOT Models

Übersetzung aus dem Englischen:
Nina Kavelar, Köln
Redaktion und Satz der deutschen Ausgabe:
Print Company Verlagsges.m.b.H., Wien

Printed by GPS Group

ISBN: 978-94-6359-969-6

Der Richtigkeit und Vollständigkeit der Informationen in diesem Buch wurde größte Sorgfalt gewidmet. Sollte unabsichtlicherweise dennoch ein Urheber nicht angegeben sein, werden wir dies nach Kenntnisnahme in der nächsten Ausgabe berichtigen.

Hinweis des Herausgebers: Die Informationen in diesem Buch sind kein Ersatz für ärztlichen Rat oder medizinische Behandlungen. Falls Sie schwanger sind oder unter einer Krankheit oder gesundheitlichen Beschwerden leiden, sollten Sie eine ärztliche Meinung einholen, bevor Sie die in diesem Buch erwähnten Ratschläge oder Praktiken anwenden. Weder der Verlag noch irgendeine andere Person, die am Entstehungsprozess dieses Buchs beteiligt war, haftet für Verletzungen oder Schäden, die durch die Anwendung der in diesem Buch enthaltenen Informationen, Übungen oder therapeutischen Maßnahmen entstehen.
Falls Sie verschreibungspflichtige Medikamente nehmen und sie absetzen oder die Dosis verändern möchten, tun Sie das keinesfalls, ohne vorher mit Ihrem Arzt darüber zu sprechen.

INHALT

Für meinen Lehrer Swami Vishnu-devananda,
der mir zeigte, wie ich großen Frieden finden konnte.

„Der Mensch, dessen Gedanken immer sprunghaft sind, kann das Selbst nicht erkennen; und ein Mensch, dessen Gedanken unstet sind, kann nicht meditieren. Ohne Meditation kann es keinen Frieden geben. Und wenn ein Mensch keinen Frieden findet, wie kann er glücklich sein?“

Bhagavad Gitã, 2.66

Liebe Freunde und Leser!

In den letzten Jahren etablierte sich die Meditation auch bei einem breiten Publikum als anerkannte Methode zur Behandlung von „modernen" Leiden wie Stress, Ängsten oder Depressionen. Sie kann in uns ein Gefühl der Stille und inneren Ruhe erzeugen, was wiederum die Freude am Leben verstärkt.

Seit über 40 Jahren unterrichte ich Yoga und Meditation. Die meiste Zeit lebte ich in Ashrams und Retreat-Zentren auf der ganzen Welt. Mittlerweile genieße ich die Ruhe des Alleinlebens in einer Wohnung in London. Als Kursleiterin beobachte ich oft Menschen, die versuchen, zu meditieren, und bemerke die Probleme, die sie dabei haben, oder höre sie mir nach der Stunde interessiert an. Ich habe erkannt, dass es keine Rolle spielt, wie sehr jemand meditieren möchte, denn wenn die Person dabei nicht bequem sitzt, vergeht ihr mit der Zeit die Lust darauf.

Aus diesem Grund schrieb ich dieses Buch – als Einstimmung auf eine regelmäßige Meditationspraxis. Auf den folgenden Seiten finden Sie eine Fülle an Informationen und Techniken, die Ihnen helfen werden, Ihren Geist und Ihren Körper so vorzubereiten, dass Sie bequem und entspannt meditieren können.

Das Wissen dahinter stammt in erster Linie aus meinen eigenen Erfahrungen und aus meinem Kurs für Yogalehrer, den ich seit 2004 abhalte. Dieser Kurs vermittelt zwar die Perspektive des Yoga, aber ich hoffe, dass die Beobachtungen, Erkenntnisse und Übungen in diesem Buch für Interessierte jeder Form von Meditation, Kontemplation und Achtsamkeitspraktik einen Nutzen haben werden. Dieses Buch richtet sich einerseits an jene, die gern mit dem Meditieren anfangen und eventuelle Einstiegsschwierig-

keiten überwinden möchten, aber auch an alle, die bereits regelmäßig meditieren, aber aufgrund von körperlichen oder mentalen Einschränkungen nicht die gewünschten Ergebnisse erzielen. Zwar kann das Sitzen bei der Meditation manchmal unbequem sein, aber es soll nie wehtun, körperliche Beschwerden verursachen oder psychisch belastend sein.

Die am häufigsten genannten Gründe, die vom Meditieren abhalten, sind die folgenden: keine Zeit, zu wenig Selbstdisziplin, man schläft dabei ein, zu viele Ablenkungen, das Sitzen verursacht Schmerzen. Mit diesem Buch möchte ich Ihnen helfen, diese und andere Probleme aus dem Weg zu räumen. Es lehrt jedoch keine Meditationsphilosophien oder fortgeschrittenen Techniken; diese Informationen können Sie aus vielen anderen Büchern und von unzähligen Lehrern erlangen. Das vorliegende Buch soll Sie einfach bereit zum Meditieren machen. Natürlich gibt es auch viele Menschen, die meditieren, ohne sich Tipps aus Büchern wie diesem zu holen. Aber ich hoffe, Sie inspirieren zu können und Ihnen einige nützliche Anregungen zu bieten, die sich auch in den geschäftigen Alltag des 21. Jahrhunderts gut integrieren lassen.

Ich praktizierte schon Yoga, bevor es zum Trend wurde. Eine Freundin empfahl mir einen Ashram in Quebec, wo man intensiv Yoga üben konnte. Als ich ankam, herrschte eisige Kälte und ich war der einzige Gast. Ich fand heraus, dass ich neben den Asana-Kursen (Yogahaltungen) auch jeden Tag an zwei Meditationen teilnehmen sollte.

Damals hatte ich keine Ahnung, was Meditation eigentlich war, aber ich erschien zur vorgegebenen Zeit und wartete auf den „Kurs". Die anderen Teilnehmer, die alle im Ashram arbeiteten, setzten sich im Schneidersitz hin, mit geschlossenen Augen und Tüchern über dem Kopf. Nach einer halben Stunde standen sie auf und verließen den Raum, ohne ein Wort zu sagen.

Wie viele Menschen hatte auch ich den ersten Eindruck, dass man beim Meditieren einfach nur dasaß und nichts tat. Mittlerweile weiß ich, dass das überhaupt nicht stimmt. Vielmehr ist die Meditation ein geistiger Zustand der vollen Konzentration, in dem man das ewige „Jetzt" ganz bewusst wahrnimmt.

Da der Geist aber von Natur aus rastlos ist, fällt es Anfängern oft schwer, einen Zustand der Ruhe zu erzeugen. Im Yoga sagt man, dass jede Sekunde durchschnittlich tausend Gedanken durch den Kopf rasen – und jeder Gedanke erzeugt nicht nur wieder neue mentale Wellen, sondern auch eine körperliche Reaktion. Neueren Studien zufolge ist das Multitasking eine Illusion, denn der Geist kann sich in Wirklichkeit nur auf eine einzige Sache auf einmal konzentrieren.

Das Meditieren wird oft mit einem See verglichen: Wenn die Wasseroberfläche durch Wellen aufgewühlt wird, sieht man nicht, was sich in der Tiefe befindet. Ist das Wasser jedoch still, kann man bis auf den Grund blicken. Das gilt auch für den Geist. Wenn die Gedanken schweigen, kann man inneren Frieden erkennen. In diesem Buch zeige ich Ihnen einige Methoden, die Ihnen dabei helfen sollen, diesen Zustand der geistigen Klarheit und Stille zu erreichen – den man allgemein als „Meditation" bezeichnet.

Meine Gebete sind mit Ihnen – auf dass Sie tiefen Frieden und große Freude erleben.

Mit herzlichen Grüßen

Swami Saradananda

Swami Saradananda

Hinweis: Bei manchen Menschen kann das Meditieren zuvor verdrängte Gedanken und Gefühle wieder ins Bewusstsein rufen. Falls Sie sich dabei gestresst oder überwältigt fühlen, wenden Sie sich an einen Meditationslehrer oder Psychotherapeuten.

EINLEITUNG

Warum sollte man regelmäßig meditieren?

Regelmäßige Meditation macht uns bewusst, wie einzigartig jeder Moment ist, sodass wir die Gegenwart in vollen Zügen erleben können, ohne uns unnötig nach der Vergangenheit zu sehnen oder uns um die Zukunft zu sorgen. Sie verbessert unsere Fähigkeit, unter allen Umständen geerdet und ausgeglichen zu sein. Sie bringt mehr Klarheit in den Alltag, da man lernt, einen Zugang zu einer tiefen inneren Ruhe zu entwickeln. Sie kann uns Einblicke in unseren Verstand bringen und uns helfen, besser damit umzugehen, damit wir negative Denkmuster bemerken, diese verändern können und seltener den Drang verspüren, impulsiv und emotional zu reagieren. Falls Sie Yoga machen, kann die Meditation auch die Yogapraxis vertiefen. Und das ist erst der Anfang. Auf Seite 12 finden Sie eine Übersicht der wichtigsten Vorteile, und die folgenden Seiten beschreiben die Wirkung der Meditation auf Gesundheit, Positivität und Produktivität.

GLÜCKSGEFÜHLE ODER GLÜCKLICH SEIN?

Sich zu fragen, ob man regelmäßig meditieren möchte, ist in etwa so, als fragte man sich, ob man glücklich sein möchte. Die meisten Menschen verwechseln Zustände, die Glücksgefühle erzeugen (zum Beispiel Golf spielen oder Schokolade essen), mit dem Erleben des Glücklichseins an sich. Vielleicht machen Sie das auch und verbringen viel Zeit mit der Suche nach *Zuständen* (etwa finanzielle Sicherheit) oder *Personen* (etwa der perfekte Partner), von denen Sie glauben, dass sie Sie glücklich machen werden.

Aber kein Zustand und keine Person im Außen kann permanente Zufriedenheit erzeugen. Das Glücklichsein, nach dem wir uns sehnen, können wir nur in uns selbst finden. Es wartet nur darauf, durch konzentriertes Meditieren entdeckt zu werden.

Denken Sie an Zeiten, in denen Sie glücklich waren. Wahrscheinlich waren Sie damals voll auf etwas konzentriert. War es das Hole-in-one bei Ihrem letzten Golfturnier, das Ihnen dieses Gefühl der Freude bescherte? Oder war es die geistige Konzentration, die Sie aufbrachten, damit Ihnen dieses Kunststück gelingen konnte?

DAS GLÜCK LIEGT IN UNS: EINE METAPHER

Ein Mann sah seine Nachbarin, eine ältere Dame, in ihrem Garten verzweifelt nach etwas suchen. Als er ihr seine Hilfe anbot, sagte sie, dass sie im Haus ihre Brille verloren hatte.

Verwundert fragte der Mann: „Warum suchen Sie dann hier draußen?"

„Ach, im Haus ist es so dunkel", sagte sie. „Darum suche ich hier, im Licht der Sonne."

Wenn es um unser persönliches Glück geht, machen wir oft den gleichen Fehler wie diese Frau, indem wir denken: „Vielleicht kann mir das helle Licht draußen helfen, zu finden, wonach ich suche."

Aber solange Sie glauben, dass Sie irgendetwas im Außen glücklich machen kann, werden Sie auch weiterhin an den falschen Orten suchen und Sie werden nie lange zufrieden sein. Vielleicht fühlen Sie sich kurzfristig glücklich, aber dieser Zustand wird nicht anhalten und schon bald werden Sie wieder auf der Suche nach neuen Freuden sein.

Ein glücklicher Mensch kann viele Dinge besitzen oder überhaupt nichts, denn sein Glück hängt nicht von materiellen Gegenständen ab. Aber ohne inneren Frieden kann man nicht glücklich sein, ganz gleich, wie viel man auch besitzt.

Ich hoffe, dass Sie den Punkt erreichen, an dem Sie verstehen, dass wahres Glück nur aus unserem Inneren kommen kann, nämlich durch das Erleben inneren Friedens. Und dass die Meditation der Zugang zu diesem bewussten Erleben ist.

Mit etwas Übung können Sie mithilfe der Meditation erfahren, worum es im Leben wirklich geht und was Sie wirklich glücklich macht. Sie ist wie ein Werkzeug, mit dem Sie Veränderungen selbst herbeiführen können, statt sich diese nur zu wünschen. Bevor Sie einen „höheren" Bewusstseinszustand erreichen, werden Ihnen diese einfachen Techniken helfen, mehr Stabilität, Stärke und Klarheit zu entwickeln.

Aus diesem Grund sollte jeder, der sich glücklich und ausgeglichen fühlen möchte, die Meditation zu einer Priorität machen. Sie kann unser Leben auf vielen Ebenen bereichern und bedeutende körperliche, psychische, emotionale, geistige und spirituelle Veränderungen herbeiführen und uns damit eine ganz neue Perspektive schenken. Der gesamte Lernprozess des Meditierens hilft uns, Fähigkeiten zu entwickeln, die es uns ermöglichen, das Leben ausgewogener, offener und freudiger zu erfahren.

Die wichtigsten Vorteile von Meditation

Reduziert Ängste und Stress

Verstärkt Intuition und Empathie

Verstärkt Liebe, Freude, Geduld und Mitgefühl

Man fühlt sich gelassener und ausgeglichener

Schärft die Konzentration, da die Zerstreutheit abnimmt

Ermöglicht effizienteres Arbeiten im Beruf und zu Hause

Man hat mehr Energie und Ausdauer

Geringeres Schlafbedürfnis, aber erholteres Aufwachen

Man fühlt sich weniger einsam und isoliert

Gibt mehr innere Stärke und geistige Flexibilität

Steigert die Kreativität

Verleiht eine tiefe innere Ruhe, die nicht so leicht gestört werden kann

WIE SIE MIT DIESEM BUCH ARBEITEN

Um dieses Buch optimal zu nutzen, lesen Sie zuerst die Einleitung, die Ihnen die Grundlagen der Meditation vorstellt, und Kapitel eins, in dem Sie erfahren, wie man die größten Hürden auf dem Weg zum regelmäßigen Meditieren überwindet. Danach sollten Sie so regelmäßig wie möglich in den Kapiteln lesen, um Techniken zu finden, die zu Ihnen passen, und diese dann in Ihren Alltag integrieren.

Beginnen Sie bei den verschiedenen Sitzhaltungen für die Meditation in Kapitel zwei, einschließlich der dazugehörigen Hilfsmittel, wie etwa Matten, Decken oder Kissen. Überlegen Sie, welche zu Ihnen passen. Probieren Sie dann die Dehnübungen und Yogastellungen in Kapitel drei aus, um Ihren Körper darauf vorzubereiten, bequemer in diesen Haltungen zu verweilen. Experimentieren Sie mit den Atemtechniken in Kapitel vier, um Ihren Geist auf das Meditieren einzustimmen. Zu guter Letzt erhalten Sie in den Kapiteln fünf, sechs und sieben noch einige Tipps für eine gesunde Ernährung, ein erfülltes Leben und noch weitere Anregungen für Ihre Meditationspraxis.

Betrachten Sie die Informationen und Techniken in diesem Buch wie ein Wissenschaftler eine Hypothese – theoretisch gut, aber noch an Ihrem eigenen Körper und Geist auf ihre Gültigkeit zu überprüfen. Ich halte regelmäßiges Experimentieren und Üben für wichtiger, als sich hinzusetzen und das Buch von der ersten bis zur letzten Seite durchzulesen – und dann wohl das meiste zu vergessen. Ich wünsche Ihnen viel Erfolg auf Ihrer Entdeckungsreise. Mögen Sie herausfinden, was für Sie am besten funktioniert.

GESUNDHEITLICHE VORTEILE VON MEDITATION

Viele Meditationsanfänger suchen nach einer Methode, die ihnen Erleichterung von ihren Beschwerden verschafft. Als ganzheitliche Praktik, die Körper und Geist einbezieht, wird Meditation schon lange eingesetzt, um Menschen im Umgang mit körperlichen und seelischen Erkrankungen zu unterstützen.

Die Meditation ist kein Allheilmittel, aber sie kann helfen, Schmerzen zu lindern und viele Symptome zu verringern. Sie hilft nachweislich gegen Stress, Schlaflosigkeit, Ängste und Depressionen, kann den Blutdruck und den Cholesterinspiegel senken sowie das Risiko für Herzinfarkte und Schlaganfälle verringern.

Auch viele der anderen anerkannten Vorteile von Meditation helfen im Umgang mit Krankheiten, etwa mehr Geduld und Mitgefühl zu haben, mehr Energie und Ausdauer, eine bessere Konzentration, innere Stärke sowie mehr Offenheit und Kreativität. Regelmäßiges Meditieren kann daher Ihr allgemeines Wohlbefinden verstärken.

Meditation hat eine nachweisliche positive Wirkung auf das parasympathische Nervensystem (PNS), das die unwillkürlichen Prozesse im Körper steuert, unter anderem den Puls, die Atmung und den Blutdruck. Studien zufolge kann Meditation demnach Stress reduzieren, die Durchblutung verbessern und den Fluss der Verdauungssäfte anregen.

Da Meditation auch den Blutdruck senken kann, ist sie besonders hilfreich für alle Beschwerden, die durch Stress verschlimmert werden. Für das Immunsystem ist es extrem wichtig, übermäßigen Stress zu reduzieren, besonders wenn man unter chronischen Krankheiten wie Arthritis, Diabetes, Adipositas oder Atemwegserkrankungen leidet.

Wer chronisch krank ist, fühlt sich oft hilflos, aber das Meditieren kann Ihnen die Kraft geben, Ihre Situation gelassener und objektiver zu betrachten und mehr Verantwortung für Ihre Gesundheit zu übernehmen. Es hilft Ihnen auch, Ihre Lebensenergie (*Prana*) zu kontrollieren und dorthin zu lenken, wo sie am dringendsten benötigt wird. Dabei entstehen zunehmend günstigere Bedingungen für eine gesunde Zellregeneration und Sie bekommen mit der Zeit das Gefühl, Ihr Leben wieder in Ihrer Hand zu haben.

Meditation erhöht tendenziell die Aktivität im präfrontalen Cortex, in der rechten vorderen Inselrinde und im rechten Hippocampus – Bereiche im Gehirn, die an der Regulierung von Gefühlen und Ängsten beteiligt sind. Werden diese Regionen stimuliert, unterstützen sie das effiziente Funktionieren des Immunsystems.

Da uns das Meditieren in der Regel besänftigt (also Stress reduziert), positives Denken fördert, den Körper entspannt, den Geist beruhigt, mentale Klarheit verbessert und zu nicht-wertenden Beobachtungen animiert, kann es Ihnen helfen, jede Art von Krankheit besser zu verstehen und zu akzeptieren, um effizienter und mitfühlender damit umzugehen. Viele Menschen, die regelmäßig meditieren, entwickeln eine größere Akzeptanz – nicht nur ihrer Erkrankung, sondern auch sich selbst und der Welt gegenüber.

Meditation stärkt auch Disziplin und Willenskraft, was bei der Behandlung von Süchten, Essattacken und anderen ungesunden Gewohnheiten helfen kann.

Auch Gesundheitsexperten empfehlen immer häufiger Meditation als Teil eines multidisziplinären Ansatzes, um Ängste und chronische Schmerzen zu lindern und die Lebensqualität zu verbessern. Studien ergaben, dass Personen, die meditieren, ihre Einstellung oft zum Positiven ändern und optimistischer werden.

Da das Meditieren mit dem Gehirn verknüpft ist, kann es die Schmerzwahrnehmung beeinflussen. Patienten, die meditieren, zeigen einen erhöhte Aktivität in den Gehirnregionen, die für die Regulierung von Schmerzen zuständig sind und empfinden Schmerzen generell als weniger belastend.

Jüngste Erkenntnisse befürworten Meditation als begleitende Therapieform bei der Behandlung von Bluthochdruck, denn sie hat eine entspannende Wirkung auf die Nervenimpulse, die unter anderem die Herzfunktion, den Gefäßtonus und die „Kampf-oder-Flucht"-Reaktion (die der Körper unter Stress oder bei Gefahr aktiviert) steuern. Der Blutdruck wird nicht nur während des Meditierens gesenkt, sondern mit der Zeit auch dauerhaft, wenn man regelmäßig meditiert.

Meditationsbasierte Therapien können auch gängige Wechseljahrsbeschwerden lindern und beispielsweise die Häufigkeit und Intensität von Hitzewallungen, Schlafstörungen, Stimmungsschwankungen oder Muskel- und Gelenkschmerzen verringern.

Die bisherige Forschung hat gezeigt, dass Meditation auch die Symptomatik von stressbedingten Erkrankungen positiv beeinflussen kann, zum Beispiel bei Reizdarmsyndrom (RDS), posttraumatischer Belastungsstörung (PTBS) oder Fibromyalgie. Das ist nachvollziehbar, da man sich beim Meditieren konzentriert und währenddessen das belastende Wirrwarr von Gedanken, das Stress erzeugt, zum Schweigen kommt.

Da die Meditation die Aufmerksamkeit und eine Klarheit des Denkens fördert, ist sie ein nützliches Mittel im Kampf gegen altersbedingten Gedächtnisverlust und kann bei Demenzpatienten zumindest teilweise das Erinnerungsvermögen verbessern.

Fast jeder zweite Mensch leidet im Laufe seines Lebens ein- oder mehrmals unter Schlaflosigkeit – oft weil der überaktive Geist am Ende des Tages nur schwer zur Ruhe kommt. Studien ergaben, dass Personen, die meditieren, im Vergleich zu solchen, die das nicht tun, früher einschlafen und erholter aufwachen. (Mehr dazu auf Seite 18.)

Mittlerweile werden auch immer mehr Studien veröffentlicht, die den Wissenschaftlern ein genaueres Verständnis vermitteln sollen, wie Meditation genau funktioniert. Unter anderem fand man heraus, dass Meditation eine bessere Erholung für Körper und Geist ist als der Tiefschlaf – ein Vorteil, der mit der Zeit weiter zunimmt und Stress reduziert, also die Ursache für über 60 Prozent aller Arztbesuche.

Ich glaube, Sie sehen schon, welches gesundheitliche Potenzial die Meditation zu bieten hat. Beachten Sie jedoch, dass sie zwar zu einem gesunden Leben beitragen kann, aber kein Ersatz für eine herkömmliche medizinische Behandlung ist. Falls Sie meditieren möchten, um bereits erwähnte oder andere Beschwerden zu lindern, sollten Sie zuvor unbedingt ärztlichen Rat einholen.

Hinweis: Unter Umständen kann Meditation die Symptome bestimmter psychischer Erkrankungen verschlimmern, etwa bei klinischer Depression oder manchen Formen der Psychose. Sprechen Sie auch in diesem Fall mit einem Arzt.

EINE POSITIVERE EINSTELLUNG ZUM LEBEN

Manche Menschen sagen, dass sie die gelassene Zufriedenheit, die das Meditieren mit sich bringt, gar nicht empfinden möchten, weil sie Angst haben, dadurch abzustumpfen. Sie denken, dass ihnen ohne der ständigen Dynamik der Unzufriedenheit der nötige Antrieb fehlt, um im Leben voranzukommen.

Aber Meditation hindert uns nicht daran, zu gedeihen oder unsere Ziele zu erreichen. Im Gegenteil: Sie unterstützt uns dabei, das zu bekommen, was wir wirklich wollen, da wir aus einer Position der inneren Ruhe aus agieren und nicht getrieben von Rastlosigkeit, Anspannung und Ängsten. Wir laufen schließlich auch mit einer gut gedehnten und entspannten Muskulatur besser als mit belasteten, verkrampften Beinen.

Jeder Fortschritt im Leben lässt sich mit einem ruhigen Geist leichter erzielen. Wenn Sie sich im Alltag gelassen, freundlich und selbstlos verhalten, verschwinden viele Hindernisse von ganz allein. Sind Sie jedoch gestresst, pessimistisch und überkritisch, sieht Ihr Weg gleich viel steiniger aus.

Diese positive Einstellung wird im Yoga mit dem Begriff *Citta prasadana* zusammengefasst, was im Sanskrit so viel wie „den Geist besänftigen" bedeutet. Diese lebensbejahenden Denkweisen werden auch als *Brahmaviharas* oder die „erhabenen Geisteszustände" bezeichnet und bilden das Herz der buddhistischen Lehre.

Diese Zustände, auch die „vier Tugenden" oder die „Unermesslichen" genannt, sind:

- ***Maitrī/Metta***: Herzensgüte, Wohlwollen, Freundlichkeit
- ***Karunā:*** Mitgefühl, Anteilnahme, Erbarmen
- ***Muditā:*** Positivität, Freude, Dankbarkeit
- ***Upekṣhā/Upekkha:*** Gleichmut, Gefasstheit, Gelassenheit

Diese vier positiven Einstellungen werden Ihre Meditationspraxis bereichern und regelmäßiges Meditieren wird diese Geisteshaltungen immer weiter stärken.

Es kostet jedoch einiges an Mühe, sie zu entwickeln. Wahrscheinlich fällt es Ihnen leicht, Güte, Mitgefühl und Freude für Menschen, die Sie mögen oder lieben, zu empfinden, aber es wird immer auch Menschen geben, die Ihnen unsympathisch sind. Genauso gibt es viele Menschen, denen Sie mit Gleichmut begegnen – zum Beispiel Fremden. Aber wenn jemand, der Ihnen nahesteht, leidet, sind wir nicht so gelassen. Wenn Sie die Brahmaviharas kultivieren wollen, müssen Sie also alle Menschen in Ihre positive Lebenseinstellung mit einschließen, auch sich selbst.

DIE „VIER TUGENDEN" IM EINZELNEN

Diese positiven Eigenschaften, die im Yoga und im Buddhismus eine wichtige Rolle spielen, werden Ihnen großen Frieden und einen stabilen Geist bescheren, wenn es Ihnen gelingt, sie zu erlernen und im Alltag anzuwenden:

- ***Maitrī/Metta*** (eine Haltung des freundlichen Wohlwollens) bedeutet unter anderem, ein Gefühl der Freundschaft zu allen Menschen zu entwickeln, auch zu jenen, die Erfolg haben. Nicht neidisch auf das Glück anderer zu sein, kann unsere eigene Zufriedenheit verstärken.
- ***Karunā*** (eine Haltung des Mitgefühls) bedeutet, sich um Menschen zu kümmern, die leiden, Schmerzen haben und/oder sich in Not befinden.
- ***Muditā*** (eine Haltung der Freude und Dankbarkeit) ist die Fähigkeit, das Gute in den Menschen zu sehen und sich darüber zu freuen, dass Menschen Gutes tun und man in ihrer Gegenwart sein kann.
- ***Upekṣhā/Upekkha*** (eine Haltung des Gleichmuts) entsteht, wenn wir uns nicht von negativen Einstellungen oder Menschen aus dem Gleichgewicht bringen lassen, sondern ihnen gelassen und gefasst begegnen. (Das bedeutet aber nicht, dass wir einem Unrecht, dass durch sie begangen wird, gleichgültig gegenüberstehen sollen.)

Denken Sie daran: Zeigen Sie *Mitgefühl* zu jenen, die leiden, aber begegnen Sie negativen Menschen mit emotionalem *Gleichmut*. Es ist ganz wichtig, den Unterschied zu verstehen.

„Lerne, ruhig zu sein, und du wirst immer zufrieden sein."

Paramahansa Yogananda

EIN POSITIVER EINFLUSS AUF DIE PRODUKTIVITÄT

Die häufigste Ausrede, nicht zu meditieren, ist die, dass man keine Zeit hat. In gewisser Weise ist diese Aussage jedoch ein Trugschluss, denn wenn man regelmäßig meditiert, spart man sich aller Voraussicht nach Zeit, da man dadurch effizienter arbeiten kann.

Im Folgenden finden Sie einige Beispiele dafür, wie sich Meditation positiv auf Ihre Produktivität im Beruf oder zu Hause auswirken kann:

- **Verlängert die Aufmerksamkeitsspanne:** Studien haben gezeigt, dass regelmäßiges Meditieren dabei hilft, sich länger auf eine Aufgabe zu konzentrieren, da es Muster im Gehirn, die zu Gewohnheiten wie Tagträumen, abschweifende Gedanken und besorgte Grübelei beitragen, wieder umkehrt. Schon eine kurze tägliche Meditation scheint die Aufmerksamkeitsspanne erheblich zu verlängern.
- **Verbessert die Effizienz:** Sobald Sie sich das regelmäßige Meditieren erst einmal angewöhnt haben, werden Sie wahrscheinlich merken, dass Sie bedeutend effizienter arbeiten – vor allem, weil Sie sich auf jede Aufgabe besser konzentrieren können. Auf lange Sicht können Sie durch Meditation also viel Zeit sparen.
- **Stärkt die Selbstwahrnehmung und das Selbstvertrauen:** Meditation hilft Ihnen, sich selbst besser einzuschätzen und zu verstehen. Anfangs tauchen dabei vielleicht noch negative Gedanken auf, doch auch diese können nützlich sein, wenn es Ihnen gelingt, sie mit einer gewissen emotionalen Distanz zu beobachten und praktisch ein „stummer Zeuge“ Ihres eigenen Denkens zu sein, als würden Sie einen Film sehen. Mit der Zeit werden Sie mit Ihrem Geist auf konstruktivere Weise umgehen können und sich zu Ihrem besten, selbstbewusstesten und effizientesten Selbst entwickeln.
- **Verbessert die Schlafqualität:** Aufgrund der Reizüberflutung und der Stressfaktoren unserer heutigen Lebensweise fällt es vielen Menschen schwer, abends abzuschalten und einzuschlafen. Aber schon 20–30 Minuten Meditieren am Tag kann Ihnen dabei helfen, entspannter und tiefer zu schlafen, sich weniger im Bett herumzuwälzen und erholter aufzuwachen, selbst bei kürzerer Schlafzeit. Das heißt aber nicht, dass Sie früher aufstehen sollen, sondern dass Sie sich mit der Zeit wahrscheinlich immer weniger erschöpft fühlen und damit auch mehr Energie haben und produktiver sein können.

Wann, wo und wie meditieren?

Wenn Sie vorhaben, regelmäßig zu meditieren, müssen Sie sich Zeit dafür nehmen und einen geeigneten Ort für Ihre Praxis finden. Auf den folgenden Seiten machen ich Ihnen einige Vorschläge, wie Ihnen das gelingen kann.

DIE ZEIT ZUM MEDITIEREN FESTLEGEN

Sich vorzunehmen, „irgendwann" am Tag „versuchen", zu meditieren, ist einer der häufigsten Fehler, den viele machen, wenn sie mit dem Meditieren anfangen. Wenn Sie ein vielbeschäftigter Mensch sind, werden Sie mit dieser Einstellung wahrscheinlich nie Zeit zum Meditieren finden. Darum rate ich Ihnen, einen festen Zeitpunkt dafür zu bestimmen, wie für alle anderen wichtigen Termine auch, damit Sie es dann jeden Tag auch wirklich machen. Ihr Gehirn wird diese Zeit allmählich mit dem Meditieren in Verbindung bringen und das wird Ihnen helfen, daraus eine Gewohnheit zu machen.

Schieben Sie es nicht auf. Fangen Sie heute noch damit an – und meditieren Sie jeden Tag. Haben Sie Geduld mit sich. Die Freude, die Sie beim Meditieren empfinden werden, wird Sie wahrscheinlich ohnehin motivieren, weiterzumachen.

Versuchen Sie, keinen Tag auszulassen, aber falls es einmal nicht anders geht, machen Sie sich bloß keine Vorwürfe. Reisen, Feiertage oder Besucher sind häufige Gründe für eine Pause. Wenn Sie also einen Tag oder ein paar Tage nicht meditieren können, fangen Sie danach einfach wieder damit an. Für gewöhnlich ist es leichter, eine Gewohnheit wieder aufzunehmen, als sie sich anfänglich anzueignen.

Wann ist die beste Zeit zum Meditieren?

Lebten wir im perfekten Einklang mit der Natur, wären der Sonnenaufgang und der Sonnenuntergang die wirksamsten Zeiten, um zu meditieren. Dann ist die Atmosphäre der Erde mit einer besonders friedlichen Energie aufgeladen. Unser modernes Leben macht es uns jedoch schwer, genau zu diesen Zeiten meditieren zu können, darum ist es wahrscheinlich sinnvoller, es nach dem Aufwachen oder vor dem Schlafengehen zu tun.

Nach dem Aufwachen ist der Verstand noch still und die Gedanken drehen sich noch nicht um die Aufgaben des Alltags.

Falls Sie lieber abends in sich gehen, empfiehlt sich eine Zeit, wenn Sie alles für den Tag erledigt haben und zur Ruhe kommen können. Das Meditieren am Abend ist wie eine Reinigung und ein Stressabbau für den Geist, was Ihnen hilft, schneller einzuschlafen, sich besser auszuruhen und morgens voller Energie aufzuwachen.

Wenn die Sonne hoch am Himmel steht, ist die ungünstigste Zeit, um zu meditieren. Dann ist der Körper vor allem mit der Verdauung beschäftigt und es kann schwieriger sein, den Geist ruhigzustellen.

Falls Sie im Schichtdienst arbeiten, passt es vielleicht, wenn Sie gleich meditieren, nachdem Sie zu Hause angekommen sind. Falls Sie kleine Kinder haben, finden Sie vielleicht Zeit, wenn die Kleinen ihren Mittagsschlaf halten oder, wenn sie etwas älter sind, nachdem Sie sie für die Schule fertig gemacht haben.

Nehmen Sie Ihren normalen Tagesablauf unter die Lupe und finden Sie heraus, wann Sie am ehesten ungestört meditieren können. Berücksichtigen Sie außerdem, ob Sie ein Frühaufsteher oder ein Nachtmensch sind.

Wann auch immer Sie Ihre Meditationszeit schließlich einrichten, versuchen Sie, mindestens zwei Stunden vorher nichts zu essen. Falls Sie vorhaben, frühmorgens zu meditieren, kann es förderlich sein, am Vorabend nichts Schweres zu essen.

Wie lange sollte man meditieren?

Beginnen Sie am besten mit einer kurzen, realistischen Meditationseinheit, damit sie nicht im Frust endet. Da Sie das Meditieren ohnehin zu einer dauerhaften Gewohnheit machen wollen, ist es besser, langsam zu beginnen und die Zeit allmählich zu steigern.

Wenn Sie längeres Sitzen nicht gewohnt sind, meditieren Sie in der ersten Woche nur 5–10 Minuten am Tag und verlängern die Einheit jede Woche um 1–2 Minuten.

Der Körper und der Geist brauchen mindestens 10 Minuten, um wirklich zur Ruhe zu kommen. Wenn Sie also 5–10 Minuten lang meditieren, üben Sie eigentlich nur, still zu sitzen und beginnen gerade erst, sich entspannt zu fühlen, als *Vorbereitung* auf die eigentliche Meditation. Das ist noch kein richtiges Meditieren, aber es ist besser, sich ein paar Minuten *täglich* einzustimmen, als nur gelegentlich länger zu meditieren.

Manche Linien im tibetischen Buddhismus nennen eine optimale Zeit von 24 Minuten, und einige Yogatraditionen empfehlen mindestens 30 Minuten. Viele Menschen finden, dass ihnen regelmäßiges Meditieren von ungefähr dieser Dauer hilft, dem Leben mit mehr Gelassenheit und seelischer Stärke zu begegnen.

Entscheiden Sie, bevor Sie anfangen, wie lange Sie meditieren möchten – und halten Sie sich daran. Sonst fängt Ihr Geist vielleicht an, Ausreden zu finden: einen wichtigen Anruf, den Sie machen sollen, oder Pflanzen, die Sie gießen müssen, oder anderes.

Fassen Sie die Absicht und stellen Sie sich einen Wecker. Damit entfallen gedankliche Grübeleien wie: „Habe ich schon lange genug meditiert?"

Wenn ich Meditations-Retreats leite, stelle ich oft fest, dass viele Teilnehmer sich vorstellen, länger zu meditieren, aber irgendwann ihre Knie wehtun oder sich die Hüften verkrampfen. Darum unterteile ich die Einheit in 20 Minuten Sitzen, 5–10 Minuten Gehen und weitere 20 Minuten Sitzen.

DER RICHTIGE MEDITATIONSPLATZ

Es ist wichtig, einen Ort zu wählen, an dem Sie gut und ungestört meditieren können. Erfahrenen Meditierenden gelingt es vielleicht, überall und jederzeit in sich zu gehen, aber für Anfänger kann ein ruhiger, stiller Platz von unschätzbarem Wert sein, um eine regelmäßige Meditationspraxis zu etablieren.

Das Gehirn assoziiert bestimmte Orte mit bestimmten Aktivitäten. Zum Beispiel ist es nicht ungewöhnlich, dass man die Küche betritt und unbewusst den Kühlschrank öffnet, auch wenn man gar nicht hungrig ist. Aber die Energie der Küche ist eng mit der Nahrungsaufnahme verbunden. Machen Sie sich daher diese Eigenheit Ihres Gehirns zunutze und verknüpfen Sie einen bestimmten Platz mit der Meditation.

Wenn Sie einen Bereich bei sich zu Hause – entweder einen Raum oder eine Ecke darin – rein dem Meditieren widmen und ihn von anderen Assoziationen freihalten können, wird es Ihnen leichter fallen, starke friedliche Schwingungen aufzubauen. Und wenn Sie dann dort meditieren, werden Sie sich gleich wohlfühlen und zur Ruhe kommen.

Halten Sie Ihren Meditationsplatz immer rein, sowohl physisch als auch energetisch. Es kann hilfreich sein, eine kleine Einweihungsfeier abzuhalten, wenn Sie den Bereich zum ersten Mal einrichten, um positive Energie zu erzeugen und eine friedliche Absicht zu fassen. Manche Menschen führen auch eine energetische Reinigung durch, indem Sie Lichter oder Weihrauch schwenken und Mantras singen.

Wann immer Sie Ihren Meditationsbereich betreten, nutzen Sie die Gelegenheit, den gegenwärtigen Moment ganz bewusst wahrzunehmen. Machen Sie den Platz zu etwas Besonderem, damit Sie sich darin wie in einer Oase des Friedens fühlen.
Achten Sie darauf, dass:

- die Zimmertemperatur angenehm für Sie ist
- der Raum gut belüftet ist
- das Licht während des Meditierens gedimmt oder ausgeschaltet ist
- der Bereich still ist, mit möglichst wenigen Geräuschen von draußen oder anderen Ablenkungen.

Einen Meditationstisch oder Altar einrichten

Einen Meditationstisch oder Altar aufzustellen ist eine gute Idee, da er positive Energie verbreitet und Sie sich darauf konzentrieren können, wenn Ihr Geist träge ist.

Am besten eignet sich ein niedriger Tisch, der mit einem sauberen Tuch bedeckt ist. Stellen Sie darauf Dinge, die Ihnen ein erhabenes Gefühl verleihen, zum Beispiel:

- eine Kerze oder eine Öllampe
- frische Blumen
- ein Räuchergefäß
- ein inspirierendes Bild, etwa von einer Gottheit oder einem spirituellen Lehrer; aber nicht von Ihren Angehörigen, außer der betreffenden Person geht es gerade nicht gut und braucht positive Energie
- ein Gegenstand mit symbolischer Bedeutung, etwa ein OM, ein Kreuz, ein Stern oder ein besonderer Stein.

Immer wenn Sie sich zum Meditieren hinsetzen, ist es gut, eine **Kerze** anzuzünden oder eine **Lampe** einzuschalten, da Sie damit Ihrem Verstand signalisieren, dass es nun Zeit ist, zur Ruhe kommen und sich auf Ihr inneres Licht einzustimmen.

Wenn Sie fertig sind, können Sie die Meditation offiziell beenden, indem Sie das Licht löschen. Falls Sie **räuchern** möchten, eignen sich Sandelholz und Weihrauch, da sie eine beruhigende Wirkung auf den Geist haben. In indischen Traditionen wird oft mit Sandelholz geräuchert, in Kirchen mit Weihrauch.

Sitzen Sie beim Meditieren auf einer **Matte oder gefalteten Decke** und blicken Sie auf Ihren Meditationstisch. Diese Matte sollte nur zu diesem oder anderen spirituellen Zwecken verwendet werden. Sie können auch auf einem Kissen, einem Yogablock oder einer Meditationsbank sitzen (siehe Seite 47). Mehr zu den Sitzhaltungen erfahren Sie auf den Seiten 42–48 in Kapitel zwei. Bringen Sie Ihre Matte, Ihre Bank und/oder Ihr Kissen mit, wenn Sie an einer Gruppenmeditation teilnehmen (siehe Seite 165).

WEITERE TIPPS FÜR MEDITATIONSANFÄNGER

Wenn Sie regelmäßig meditieren, werden Sie merken, dass es schon bald zur Gewohnheit wird. Hier sind ein paar Tipps, damit Ihnen das auch gelingt:

- **Einen Konzentrationspunkt wählen:** Der Schwerpunkt Ihrer Meditation hängt davon ab, welcher Tradition oder welchem Lehrer Sie folgen. Häufig dienen der Atem, ein bestimmter Klang (Mantra) oder eine Visualisierung als Konzentrationspunkte. Welchen Sie auch verwenden, bleiben Sie dabei und wechseln Sie ihn nicht zu oft. Ein Vergleich: Wenn Sie einen Brunnen graben wollten, würden Sie sich einen Platz dafür aussuchen und anfangen, zu graben.
- **Die richtige Kleidung anziehen:** Tragen Sie lockere, bequeme Kleidung, am besten aus natürlichen Materialien. Jeans eignen sich zum Meditieren weniger, auch wenn sie weit geschnitten sind. Da Kleidung Schwingungen in sich speichert, besitzen viele Menschen etwas, das sie nur zum Meditieren tragen. Manche legen sich auch ein Meditationstuch oder eine Decke um die Schultern oder über den Kopf, um ihre Energie bei sich zu behalten und sich vor äußeren Einflüssen abzuschirmen. Andere legen sich das Tuch oder die Decke gern gefaltet über die Beine.
- **Motiviert anfangen und aufhören:** Wenn Sie die Meditation mit einigen motivierenden Worten, etwa einem Gebet, einem Mantra oder einem inspirierenden Zitat beginnen, schaffen Sie eine positive Struktur für Ihre Meditationspraxis.
- **Durch die Nase atmen:** Während der Meditation sollte man in der Regel den Mund geschlossen halten und durch die Nase atmen. Falls Sie etwas Störendes wahrnehmen, etwa einen Juckreiz, eine Anspannung oder ein anderes unangenehmes Gefühl, atmen Sie in diesen Bereich hinein und stellen Sie sich vor, wie mit jedem Ausatmen ein Teil des Unwohlseins aus Ihrem Körper hinausfließt.
- **Das Gesicht entspannen:** Lassen Sie die Gesichtsmuskeln locker. Dabei kann es helfen, die Lippen, aber nicht die Zähne leicht aufeinanderzulegen. Auch die Zunge sollte entspannt im Mund liegen.
- **Die Meditation beenden:** Nach dem Meditieren den Kopf senken, einige Male blinzeln und die Augen öffnen, Schultern und Nacken bewegen, den Körper durchstrecken, die Beine ausschütteln und dann langsam aufstehen.
- **Nicht auf Fortschritte fixiert sein:** Suchen Sie nicht nach Anzeichen, dass Sie mit dem Meditieren Fortschritte machen. Sie werden entweder sofort oder erst nach einiger Zeit merken, dass Sie zunehmend gelassener und friedvoller werden.

1
HINDERNISSE, DIE ES ZU ÜBERWINDEN GILT, UM REGELMÄSSIG ZU MEDITIEREN

„Der Geist ist in der Tat rastlos, unruhig, stark und unnachgiebig. Ich glaube, er ist so schwierig zu beherrschen wie der Wind."
Bhagavad Gitã, 6.34

„Du sollst täglich zwanzig Minuten meditieren. Wenn du zu beschäftigt dafür bist, dann solltest du eine Stunde meditieren."
Zen-Sprichwort

Hindernisse überwinden:
EINE EINFÜHRUNG

Unser Geist möchte ständig stimuliert werden. Wenn wir also in Ruhe meditieren wollen, ohne ihm anregenden Input zu liefern, sträubt er sich dagegen und findet Ausreden, sich davor zu drücken. Betrachten Sie diesen Mechanismus aber nicht als Schwäche, sondern einfach als Hindernis, das es aus dem Weg zu räumen gilt, um daraus zu lernen.

Nehmen Sie Ihre inneren Widerstände wahr, ohne sie zu werten. Die folgenden Beispiele nennen einige der *häufigsten* Hürden und einige Tipps, um sie zu überwinden.

Vorurteile und Erwartungen loslassen

Vielleicht fangen Sie ganz begeistert mit der Meditation an, weil Sie glauben, dass aller Stress plötzlich von Ihnen abfallen wird und Sie sich sofort euphorisch fühlen. Doch dann merken Sie, dass dazu einiges an Disziplin gehört und sind versucht, aufzugeben. Lassen Sie sich aber nicht entmutigen. Am besten geht man ganz ohne Erwartungen an das Meditieren heran. Machen Sie sich bewusst, dass der langfristige Nutzen die Mühe wert ist, auch wenn es nicht immer leicht fällt, regelmäßig zu meditieren.

Auch nach dem Anfängerglück weitermachen

Es ist nicht ungewöhnlich, dass man als Anfänger gleich eine oder mehrere wundervolle Erfahrungen macht, wenn man mit dem Meditieren beginnt. Oft kommt es vor, dass man schöne Musik vernimmt, blinkende Lichter sieht (vor allem blaue), ein Gefühl des Schwebens verspürt oder einfach in Verzückung gerät. Diese Zustände sind so berauschend, dass viele Meditierende versuchen, sie bewusst zu erzeugen, aber wenn es ihnen dann nicht gelingt, geben sie aus Frust auf. Ein Grund mehr, sich von Erwartungen zu lösen und stattdessen mit Geduld und Disziplin regelmäßig zu meditieren, um einen stetigen Fortschritt erzielen zu können.

Nicht nach bestimmten „Erlebnissen" streben

Verschiedene Personen machen beim Meditieren sehr unterschiedliche Erfahrungen. Manche beschreiben sie als übersinnliche Erlebnisse, manche sehen oder hören etwas Angenehmes, andere jedoch etwas Unangenehmes. Diese Eindrücke sind interessante Ablenkungen, deren einziger Wert darin besteht, dass sie Ihnen das regelmäßige Meditieren schmackhaft machen. Aber man sollte solchen „Erlebnissen" nicht hinterherjagen und sich auch nicht entmutigt fühlen, falls man sie erst gar nicht erfährt.

ALLTAGSTIPPS, DIE IHRE MEDITATIONSPRAXIS FÖRDERN

- **Smalltalk reduzieren:** Ein Übermaß an belanglosem Geplauder kostet Kraft, macht Sie rastlos und lässt die Energie nach außen fließen. Regelmäßige Phasen des freiwilligen Schweigens (im Yoga „Mauna" genannt) können helfen, einen ruhigen, disziplinierten Geist für die Meditation zu entwickeln.
- **„Digitales Fasten":** Verbringen Sie jeden Tag eine gewisse Zeit oder einen Tag in der Woche ganz ohne elektronische Geräte – das beruhigt den Geist. In Kapitel fünf werden wir noch genauer darauf eingehen (siehe Seite 142).
- **Schlechte Stimmung abwenden:** Depressive Phasen erzeugen Lethargie und nehmen uns die Motivation, zu meditieren. Bewegung – etwa Yoga oder ein flotter Spaziergang – können helfen, die Stimmung zu verbessern und uns mental auf die friedvolle Energie des Meditierens einzustimmen.
- **Zweifel überwinden:** Wenn Ihnen das Meditieren schwerfällt oder Sie noch nicht die erhofften Resultate erzielen, fangen Sie vielleicht an zu zweifeln, warum Sie überhaupt meditieren. Aber statt aufzugeben, hilft es vielleicht, wenn Sie etwas zum Thema lesen und/oder sich mit anderen Interessierten darüber auszutauschen, um die Motivation neu zu entfachen.

Im Hier und Jetzt sein

Erinnerungen an Vergangenes oder Vorstellungen von der Zukunft lenken uns oft ab. Wenn Ihre Gedanken während des Meditierens in diese Richtung abschweifen, lenken Sie sie wieder auf Ihren Konzentrationspunkt – also auf Ihren Atem, ein Mantra, eine Visualisierung oder einen anderen Fokus Ihrer Wahl.

Kritik und Gedankenkreisen vermeiden

Achten Sie darauf, während des Meditierens nicht die Fehler anderer Menschen zu analysieren und sich auch nicht in Selbstkritik zu verlieren. Fällt Ihnen auf, dass sich Ihre Gedanken immer wieder um die Geschehnisse des Tages kreisen, besinnen Sie sich wieder auf Ihren gewählten Konzentrationspunkt.

Wut loslassen

Es kann sein, dass beim Meditieren Wut aufkommt. Stellen Sie sich dieses Gefühl als Zornesblasen vor, die größer werden und schließlich platzen, sodass der Ärger verpufft. Wut und Gereiztheit können mithilfe von Geduld überwunden werden. Regelmäßiges Meditieren bearbeitet auch die Ursachen der Wut und ändert Ihre Einstellung.

Schuldgefühle loslassen

Es kann vorkommen, dass während des Meditierens Schuldgefühle auftauchen. Vielleicht plagt Sie das schlechte Gewissen, weil Sie nur „dasitzen und nichts tun“, statt zu arbeiten oder Zeit mit Ihrer Familie zu verbringen. Dann sollten Sie daran denken, dass Meditation nicht gleichbedeutend mit „Nichtstun“, sondern eine Art der Selbstfürsorge ist, die Ihnen viele Vorteile bringt, wodurch indirekt auch Ihre Familie oder Ihre Arbeit profitieren. Vielleicht fühlen Sie sich schlecht, weil Sie nicht genug meditieren. Verlängern Sie dann Ihre Meditationszeit und lassen Sie negative Gedanken los.

Sich den Ängsten stellen

Während einer Meditation können sich verborgene oder unterdrückte Ängste in Ihr Bewusstsein drängen, zum Bespiel die Angst vor dem Tod, vor Krankheiten, Einsamkeit, Kritik oder auch vor sich selbst. Alle Ängste behindern den Fortschritt beim Meditieren, darum sollten Sie lernen, sie mit einer gewissen Distanziertheit zu beobachten und sich wieder auf Ihren Konzentrationspunkt zu besinnen. Wenn Sie sich nämlich nicht in sie hineinsteigern, werden sie oft wieder von ganz allein verschwinden.

Nicht aufhören

Viele Meditierende machen zu früh schon zu viel und sind dann so überfordert, dass sie komplett mit dem Meditieren aufhören. Am wichtigsten ist es jedoch, weiterzumachen. Dabei helfen die beiden Yogakonzepte *Vairagya* (Losgelöstheit; das Nichterwarten eines unmittelbaren Nutzens) und *Abhyasa* (das ständige, regelmäßige Ausüben).

EINE METAPHER FÜR DEN GEIST

Es war einmal ein Elefant, der immer über einen Basar spazierte und dabei seinen Rüssel schwang. Aus reiner Langeweile warf er Stände um und klaute Waren. Die Händler beschwerten sich beim Elefantenführer, aber statt sein Tier zu bestrafen, gab ihm der Mann einen speziellen Aufgabe: Er brachte ihm bei, einen Stock zu halten, womit sein Rüssel dann beschäftigt war.

Wenn Sie meditieren möchten, aber merken, dass sich Ihr Geist wie ein randalierender Elefant verhält, geben Sie ihm etwas zu tun, etwas, an dem er sich festhalten kann – einen Schwerpunkt, auf den er sich konzentrieren kann.

Umgang mit körperlichen Ablenkungen

Beim Meditieren wird man oft durch Empfindungen aus dem eigenen Körper abgelenkt. Das können Schmerzen sein, etwa im Rücken oder aufgrund von Arthritis, oder sie werden durch das längere Sitzen mit gerader Wirbelsäule verursacht, was viele Menschen einfach nicht gewohnt sind. Darum sollten Sie wissen, dass das Stillsitzen beim Meditieren sich auch unangenehm anfühlen kann.

Neben Verspannungen und Schmerzen können aber auch subtilere Reize auftreten und Ihre Aufmerksamkeit von Ihrem Konzentrationspunkt ablenken. Ist Ihnen etwa schon einmal aufgefallen, dass Ihre Nase oder Wange zu jucken anfängt, sobald Sie sich in die Meditation vertiefen wollen? Eine Erklärung dafür ist, dass Ihr Geist sich nicht gern beobachten lässt und darum durch Juckreiz oder Kribbeln eingreift. Wie Sie mit diesen Empfindungen umgehen, macht einen großen Unterschied. In manchen Meditationstraditionen wird sogar empfohlen, sie zum Konzentrationspunkt zu machen.

Kapitel drei beschäftigt sich mit Yogahaltungen und Dehnübungen, die Sie auf das Sitzen und andere körperliche Belastungen vorbereiten werden. Aber allein zu wissen, dass viele dieser Störfaktoren einfach nur „Spielchen" Ihres Geistes sind, kann Ihnen schon dabei helfen, sie weniger zu beachten. Die folgenden Beispiele sind einige der häufigsten Ablenkungen, die man beim Meditieren verspüren kann.

INNERE WIDERSTÄNDE BEOBACHTEN

Sollten Ablenkungen auftauchen, ist es wichtig, dass Sie nicht *dagegen* ankämpfen, denn das wuhlt Ihren Geist nur noch mehr auf. Wenn man *aktiv* versucht, einer Ablenkung zu widerstehen, ist das so, als würde man versuchen, nicht an einen Elefanten zu denken, von dem gerade jemand spricht. Stattdessen sollten Sie die Ablenkung verständnisvoll und wertfrei beobachten, bevor Sie Ihre Aufmerksamkeit wieder auf Ihren Konzentrationspunkt richten. Machen Sie sich keine Vorwürfe, weil Sie abgelenkt wurden, sondern nehmen Sie die Empfindung wahr, ohne sich hineinzusteigern. Oft wird sie dann von allein verschwinden. Sollte sie das nicht tun, machen Sie die Ablenkung zu Ihrem Konzentrationspunkt: Schenken Sie ihr die volle Aufmerksamkeit, atmen Sie in sie hinein und stellen Sie sich vor, wie bei jedem Ausatmen etwas davon Ihren Körper verlässt.

Reicht das noch immer nicht und der Juckreiz oder das Kribbeln werden nur noch stärker, erlauben Sie sich, zu reagieren, entweder durch Kratzen oder das Verändern der Sitzhaltung, aber tun Sie es ganz bewusst. Löst sich das Unwohlgefühl auf, lenken Sie Ihre Aufmerksamkeit wieder auf Ihren eigentlichen Konzentrationspunkt.

ARTEN VON KÖRPERLICHER ABLENKUNG

- **Zucken oder Kribbeln:** Während Sie meditieren, können sich Anspannungen im Körper lösen und sich als Zucken oder Kribbeln bemerkbar machen. Viele der Übungen in den Kapiteln drei und vier wirken erleichternd. Auch ein warmes Bad kann helfen. Entspannen Sie sich vor der Meditation und diese Empfindungen werden immer seltener auftreten und schließlich aufhören.
- **Taubheitsgefühl in den Beinen:** Keine Angst – es fühlt sich unangenehm an, aber Ihren Beinen kann nichts passieren. Es kann helfen, unmittelbar vor dem Meditieren die Vorbereitungsübungen der Seiten 60–61 zu machen.
- **Muskelkrämpfe:** Um Krämpfe zu vermeiden, könnten Sie vor dem Meditieren einen Spaziergang machen. Achten Sie auf eine ausreichende Zufuhr von Kalium in Ihrer Ernährung – aber auch auf ein gesundes Gleichgewicht aus Kalium, Magnesium und Kalzium, etwa indem Sie mehr Bananen, getrocknete Aprikosen und Pflaumen sowie andere Früchte essen.
- **Kalte Hände und/oder Füße:** Als schnelle Lösung können Sie Ihre Aufmerksamkeit auf die betroffenen Gliedmaßen richten und einige lange, tiefe Atemzüge nehmen. Stellen Sie sich vor, wie sich dieser Bereich bei jedem Einatmen mit Wärme füllt und die Kälte beim Ausatmen aus dem Körper fließt. Machen Sie 10–15 solcher Atemzüge oder so viele, bis das Kältegefühl verschwunden ist. Als längerfristige Lösung können Sie vor jeder Meditation mindestens dreimal den Reinigungsatem (Kapalabhati; Seite 120) machen.
- **Knieschmerzen (oder andere Beschwerden):** Wenn im Körper etwas wehtut oder sich unangenehm anfühlt, werden die Gedanken fast nur darum kreisen. Probieren Sie daher, in den schmerzhaften Bereich hineinzuatmen, während Sie sich vorstellen, wie bei jedem Ausatmen ein Teil des Schmerzes den Körper verlässt. Falls das nicht funktioniert, strecken Sie die Beine aus und massieren Sie Ihre Knie, oder nutzen Sie ein Hilfsmittel, um bequemer zu sitzen (siehe Seiten 46–47). Als längerfristige Lösung empfehle ich Ihnen, die Übungen aus Kapitel drei zu machen.
- **Schwindel oder verzerrte Wahrnehmung:** Manchmal kann es sein, dass es Ihnen während des Meditierens so vorkommt, als ob sich Ihr Körper wie in einer Spirale drehte, besonders wenn Sie mit geschlossenen Augen dasitzen. Sollte das der Fall sein, öffnen Sie Ihre Augen kurz, um sich wieder zu orientieren. Dann können Sie sie wieder schließen und Ihre Meditation fortsetzen. Meditierende können auch eine Verzerrung der räumlichen Grenzen wahrnehmen oder das Gefühl haben, dass sich ihr Körper zur Seite neigt. Haben Sie keine Angst, falls Sie das oder etwas Ähnliches erleben – das ist ganz normal. Versuchen Sie, sich davon nicht stören zu lassen.

Umgang mit innerer Unruhe

Wenn man mit dem Meditieren anfängt, tauchen oft viele Gefühle und verdrängte Probleme auf. In der Regel geht man mit ihnen auf die gleiche Weise um wie mit den körperlichen Ablenkungen. Zuerst lokalisieren Sie, wo im Körper Sie das Gefühl wahrnehmen. Spüren Sie die Langeweile/den Frust/den Ärger zum Beispiel in Ihrer Brust, in den Schultern, im Hals oder woanders? Haben Sie den Bereich identifiziert, beobachten Sie das Gefühl, atmen Sie hinein und stellen Sie sich vor, wie bei jedem Ausatmen ein Teil davon aus dem Körper entweicht. Lenken Sie Ihre Aufmerksamkeit anschließend wieder auf Ihren eigentlichen Konzentrationspunkt.

Nachfolgend finden Sie einige der häufigsten mentalen Ablenkungen, die man beim Meditieren erlebt, und ein paar Tipps, wie man mit ihnen umgehen kann:

- **Gedankliches Wiederkäuen:** Leider sind manche Gedanken wie ein lästiger Ohrwurm, der im Kopf immer wieder abgespielt wird. Falls Sie nicht aufpassen, wenn solche Gedanken beim Meditieren erscheinen, werden Sie sich in ihnen und ihren Assoziationen verlieren. Sobald Sie merken, dass Sie auf diese Weise abgelenkt werden, richten Sie Ihre Aufmerksamkeit wieder auf Ihren Konzentrationspunkt.

- **Wünsche und Gelüste:** Ihr Unbewusstes hat zahlreiche Wünsche, die an die Oberfläche kommen, wenn Sie meditieren. Wenn Sie nicht wachsam sind, entstehen daraus endlose Gedankengänge, die Sie komplett einnehmen können. Am besten versuchen Sie weder, diese Wünsche oder Gelüste aktiv zu *unterdrücken*, noch sich völlig auf sie einzulassen. Besinnen Sie sich wieder auf Ihren gewählten Konzentrationspunkt und richten Sie Ihre Aufmerksamkeit immer wieder darauf, falls Sie von solchen Gedanken abgelenkt wird.

- **Abschweifende Gedanken:** Fehlen äußere Ablenkungen, wird Ihr Geist verstärkt versuchen, sich selbst zu unterhalten, indem er „herumwandert“ und an etwas anderes denkt. Sobald Sie merken, dass Ihre Gedanken in diese Richtung wandern, richten Sie Ihre Aufmerksamkeit jedes Mal wieder aufs Neue auf Ihren Konzentrationspunkt. Mit etwas Übung wird Ihr Geist immer seltener abschweifen, bis er Ihnen schließlich den Zugang zu tieferen Erkenntnisebenen gewährt.

LANGEWEILE

Tagsüber sind Sie wahrscheinlich die meiste Zeit in einem Zustand des „Tuns“ und Ihr Geist sorgt dafür, dass Sie immer beschäftigt sind und es Ihnen nie an Stimulation fehlt. Während des Meditierens befinden Sie sich in einem Zustand des „Seins“ und Ihr Geist nimmt das ruhige Dasitzen und Auf-eine-Sache-Konzentrieren wahrscheinlich als „langweilig“ oder uninteressant wahr. Dann rebelliert er, um Aufmerksamkeit zu bekommen.

Jede Art von „Langeweile“ ist jedoch nur eine mentale Täuschung, die entsteht, wenn man sich nur oberflächlich statt intensiv mit etwas beschäftigt, da ein Geist, der sich wirklich auf etwas konzentriert, *nie* Langeweile verspürt. Falls Sie sich beim Meditieren aber doch langweilen sollten, fragen Sie sich, ob Sie tatsächlich das Meditieren als langweilig empfinden – oder eigentlich etwas anderes. Sind Sie vielleicht in Ihrem Job gelangweilt oder mit Ihrem Leben im Allgemeinen? Wenn Sie regelmäßig Meditieren, kann diese Gewohnheit dazu beitragen, diese Langeweile zu vertreiben.

Der Verstand neigt dazu, sich mit Gedanken und Gefühlen zu identifizieren. Das heißt, je länger Sie denken „mir ist langweilig“, desto länger bleibt dieses Gefühl. Darum ist es am besten, es nur zu beobachten und sich davon zu distanzieren, statt es zu nähren. Konzentrieren Sie sich beispielsweise auf Ihren Atem – atmen Sie die Langeweile aus und atmen Sie ein Gefühl der Neugier ein. Wenn Sie jedoch nach einiger Zeit feststellen, dass eine bestimmte Meditationstechnik für Sie nicht funktioniert, probieren Sie eine andere oder einen anderen Konzentrationspunkt aus. Wechseln Sie aber nicht zu oft.

EINE OPTIMISTISCHE SICHT AUF DIE ABLENKUNGEN

- Der Moment, in dem Sie vom *Abgelenktsein* zum *Bemerken* der Ablenkung übergehen, ist ein wichtiger Bewusstseinswandel, da er den Wechsel von unbewusstem Verhalten zu achtsamem Handeln markiert.
- Wenn Sie Ablenkungen als lehrreiche Erfahrungen betrachten, können Sie objektiv beobachten, wie sich Ihr Geist in Momenten der Ablenkung verhält. Das kann Ihnen nützliche Erkenntnisse für Ihr Leben im Allgemeinen liefern.

Nicht einschlafen

Müdigkeit und Lethargie sind häufige und hartnäckige Hindernisse beim Meditieren. Aber es ist wichtig, dabei nicht einzuschlafen, da es sonst keine Meditation mehr ist.

Meditation und Entspannung werden oft verwechselt. Meditation und Achtsamkeitspraktiken fokussieren den Geist, sodass er sich zunehmend auf nur eine Sache konzentriert, während Entspannung das Gegenteil bewirkt und der Geist dabei in einen unkonzentrierten Zustand abdriftet. Legen Sie sich also nicht hin, wenn Sie beim Meditieren müde werden, denn dann wird es Ihnen schwerfallen, nicht einzuschlafen.

Häufig ist dieses Schlafbedürfnis beim Meditieren auch nur ein Trick Ihres Geistes, der versucht, sich der Anstrengung des Konzentrierens zu entziehen. Um das Risiko, bei der Meditation müde zu werden, zu verringern, ist es wichtig, das *regelmäßige* Meditieren beizubehalten – jeden Tag zur gleichen Zeit für eine festgelegte Dauer, wie auf Seite 19 beschrieben. Wenn Sie diszipliniert bleiben, werden Sie merken, wie Ihr Geist nachgibt, Ihre Aufmerksamkeit wächst und Ihre Wachheit stärker wird.

Hier sind einige Tipps, was Sie tun können, damit Sie während des Meditierens nicht so leicht einschlafen:

Das Schlafverhalten berücksichtigen

Wann gehen Sie schlafen? Wann wachen Sie auf? Schlafen Sie gut und ausreichend? *Wie* schlafen Sie? Wachen Sie ausgeruht auf? Oder wälzen Sie sich nachts im Bett herum und fühlen sich morgens wie gerädert? Vielleicht sagt Ihnen Ihr Körper auf diese Weise, dass Sie mehr Erholung brauchen.

Das Essverhalten beobachten

Achten Sie einmal bewusst darauf, wie viel und was genau Sie essen – und wie sich die Nahrung auf Ihre Meditation auswirkt. Manche Lebensmittel, wie etwa Weizen und andere Kohlenhydrate, können schwer im Magen liegen, aufblähen oder müde machen, während Obst und Gemüse schneller verdaut werden und Nährstoffe liefern, ohne zu belasten. Wenn Sie direkt nach dem Essen meditieren, steigt die Wahrscheinlichkeit, dass Sie schläfrig werden. Warten Sie daher nach jeder Mahlzeit mindestens zwei Stunden.

Zur richtigen Zeit meditieren

Wann meditieren Sie? Wenn Sie bei der Meditation regelmäßig einschlafen, ist vielleicht eine andere Tageszeit besser für Sie geeignet. Statt zum Beispiel nach einem langen Arbeitstag zu meditieren, versuchen Sie es lieber früher, wenn Sie noch nicht ausgelaugt sind. Es ist wichtig, eine Tageszeit dafür zu finden, die für Sie funktioniert.

- **Sind Sie ein Frühaufsteher?** – Wenn ja, nutzen Sie den friedvollen Zustand Ihres Geistes direkt nach dem Aufwachen. Putzen Sie nur Ihre Zähne und machen Sie Ihre Morgentoilette, bevor Sie meditieren. Beginnen erst danach Ihren Alltag mit Handy, Arbeit und einem Kopf voller Gedanken. Am besten meditieren Sie, bevor Sie frühstücken oder Kaffee trinken.
- **Oder sind Sie ein Nachtmensch?** – Wenn Sie bis spät in die Nacht aufbleiben und morgens schwer aus dem Bett kommen, wird Ihnen das frühe Meditieren schwerfallen und vielleicht schlafen Sie auch gleich wieder ein. Darum könnte der Abend die passendere Zeit für Sie sein. Das Meditieren vor dem Zubettgehen hilft vielen Menschen, die negativen Energien, die sie im Laufe des Tages angesammelt haben, loszulassen, sodass sie besser schlafen und erholter aufwachen.

Die richtige Sitzhaltung finden

Wenn Ihnen während des Meditierens oft der Kopf auf die Brust sinkt und Sie einnicken, probieren Sie einmal andere Sitzhaltungen aus. (In Kapitel zwei finden Sie einige Anregungen.) Oder legen Sie noch ein Kissen unter Ihr Gesäß, damit der Rücken gerade bleibt. Machen Sie vielleicht einige der Übungen, die in Kapitel drei vorgeschlagen werden.

Überdenken Sie auch den Platz, an dem Sie sitzen, da manche Haltungen, etwa an die Wand gelehnt, auf dem Sofa oder auf dem Bett, Ihrem Gehirn das Signal geben, dass es nun entspannen, ausruhen oder schlafen kann. Für gewöhnlich ist es besser, auf einer Matte zu sitzen und einen eigenen Platz nur für die Meditation zu haben. Denken Sie auch daran, dass das Meditieren im Liegen meist keine gute Idee ist.

Mehr Energie durch Bewegung

Machen Sie Bewegung, bevor Sie meditieren – zum Beispiel Dehnübungen, Yoga, Atemtechniken (in Kapitel drei und vier finden Sie viele Ideen) oder einen flotten Spaziergang, um die Energieproduktion des Körpers anzuregen. Falls Sie die Zeit dafür haben, können Sie auch einige Runden des Reinigungsatems (Kapalabhati; siehe Seite 120) und/oder des Wechselatems machen (siehe Seiten 123–125).

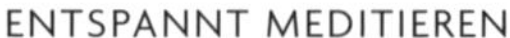

DAS QUIRLEN DES MILCHMEERS: EINE METAPHER FÜR DIE MEDITATION

In der indischen Mythologie gibt es viele Geschichten über den ewigen Kampf zwischen *Devas* (Götter) und *Asuras* (Dämonen). Man könnte ihn als den ständigen inneren Konflikt zwischen unserem höheren und niederen Wesen interpretieren.

Eine dieser Geschichten heißt „Das Quirlen des Milchmeers". Darin steht das „Milchmeer" für den Geist, der während des Meditierens „gequirlt" wird. Man glaubt vielleicht, dass man für das Meditieren sofort mit dem Nektar der Unsterblichkeit belohnt wird, aber überraschenderweise entsteht anfangs wie in der Geschichte oft ein Gift als Nebenprodukt. Daher muss man den Geist erst von Giften wie Wut, Gier, Eifersucht und anderen negativen Gefühlen befreien – also von allem, was ihn zwischen einem abgestumpften, trägen und einem zerstreuten, rastlosen Zustand schwanken lässt. Erst wenn der Geist durch das „Quirlen" bereinigt wurde und sich konzentrieren kann, ist man bereit, den „Nektar" des inneren Friedens aufzusaugen.

Das Gesicht waschen

Manche Menschen nehmen gern eine kalte Dusche, bevor sie meditieren. Aber es genügt, Ihre Hände und Ihr Gesicht zu waschen. Alternativ können Sie auch das Waschbecken oder eine große Schüssel mit kaltem Wasser füllen, gegebenenfalls die Haare zusammenbinden und dann tief einatmen, bevor Sie Ihr Gesicht für 10–15 Sekunden ins Wasser tauchen. Sie können die Augen geschlossen lassen oder blinzeln. Achten Sie darauf, Ihre Haare richtig zu trocknen, bevor Sie sich zum Meditieren hinsetzen.

Für die richtige Temperatur und Belüftung sorgen

Auch die Zimmertemperatur kann Ihre Wachheit beeinflussen. Wenn Sie also beim Meditieren einschlafen, braucht Ihr Körper vielleicht nur frische Luft. Meditieren Sie in einem Raum, der gut belüftet und nicht zu warm ist. Vielleicht machen Sie ihn sogar etwas kühler und wickeln sich in ein Tuch oder eine Decke. So eingehüllt bleibt auch Ihre Energie bei Ihnen, statt sich zu zerstreuen.

Zu guter Letzt kann ich Ihnen nur raten, sich nicht zu viele Gedanken zu machen. Wenn Sie sich aufrichtig Mühe geben, werden sich die Hindernisse irgendwann von ganz allein auflösen. Und vergessen Sie nicht, dass viele Menschen ähnliche Probleme haben, wenn sie mit dem Meditieren anfangen.

Motivation, um Hindernisse zu überwinden

Wie geht es Ihnen nun, da Sie einige der gängigen Hindernisse beim Meditieren kennengelernt haben? Haben Sie vielleicht das Gefühl, dass Sie schon viele der Tipps ausprobiert haben und sie anfangs auch helfen, aber mit der Zeit werden Sie dann wieder nachlässig damit? Schieben Sie das Meditieren immer auf? Wenn das der Fall ist, sollten Sie herausfinden, wie Sie sich wieder motivieren können. Hier sind einige Vorschläge.

Als Erstes wäre es hilfreich, wenn Sie eine Zeit lang Ihre **Alltagsgewohnheiten beobachten**. Beginnen Sie Projekte, die Sie nicht beenden? Schieben Sie Dinge oft auf? Um eine positive Gewohnheit beizubehalten, gehört eine gewisse Anstrengung und Entschlossenheit. Aufschieben hat oft mit einer Angst zu tun, der Sie sich nicht unbedingt bewusst sein müssen. Das heißt, dass Sie Dinge vielleicht aufschieben, weil Sie der Gedanke an das Meditieren nervös macht und Ihr Unterbewusstsein versucht, dieses Unbehagen zu reduzieren, indem es seinen Verdrängungsmechanismus aktiviert.

Wenn Sie das nächste Mal bemerken, dass Sie das Meditieren wieder aufschieben möchten, fragen Sie sich, ob es etwas gibt, das Ihnen Unwohlsein bereitet – und wie Sie mit diesen Ängsten umgehen können.

Um die Motivation neu zu entfachen, sollten Sie sich auch **an die vielen verschiednen Vorteile erinnern**, die sich aus diszipliniertem Meditieren ergeben – und den ursprünglichen Grund, warum Sie damit anfangen wollten.

Sorgen Sie dafür, dass Sie sich **an den Meditationsplan halten**, den Sie sich vorgenommen haben. Meditieren Sie regelmäßig und zu einer bestimmten Zeit, statt zu warten, bis Ihnen „danach ist". Gehen Sie an das Meditieren mit derselben Einstellung wie an das Duschen oder das Zähneputzen heran: Es sind Aktivitäten, die Sie jeden Tag zu bestimmten Zeiten machen, weil Sie wissen, dass sie gut für Sie sind.

Ab und zu sollten Sie Ihren Meditationsbereich ein bisschen auffrischen, im Einklang mit den Richtlinien zum Gestalten dieses Platzes (siehe Seite 21) – vielleicht mit frischen Blumen oder etwas anderem, das Sie inspiriert und anspornt, wieder zu meditieren.

Manchmal kann sich etwas verschlechtern, bevor es besser wird. Geben Sie dann nicht sofort auf, sondern betrachten Sie die Meditation als eine Art Tiefenreinigung, die alte Ablagerungen an die Oberfläche bringt, bevor sich die Trübnis lichtet. Das heißt, dass Sie sich beim Meditieren anfangs vielleicht nicht friedlich, sondern frustriert oder wütend fühlen, weil bisher verdrängte negative Gefühle in Ihr Bewusstsein zurückkehren, damit Sie diese endgültig loslassen können. Vertrauen Sie darauf, dass das Auftauchen solcher unangenehmen Gefühle mit der Zeit nachlassen wird, wenn Sie regelmäßig meditieren, so wie hartnäckiger Schmutz irgendwann dauerhaft beseitigt ist, wenn man regelmäßig sauber macht.

Es kann auch von großem Wert sein, sich mit **gleichgesinnten Meditierenden** zusammenzuschließen, etwa als Teil einer Gruppe oder Gemeinschaft (*Sangha*). Das gemeinsame Meditieren kann sehr kraftvoll sein und scheint das Klischee zu bestätigen, dass die von mehreren Menschen erzeugte Energie größer als die Summe ihrer Teile ist. Wenn Sie keine passende Gruppe finden, kennen Sie vielleicht eine Person, mit der Sie zusammen meditieren und sich gegenseitig motivieren können.

Um genau zu wissen, wie häufig Sie meditieren, können Sie **ein Meditationstagebuch führen**. (Weitere Informationen dazu finden Sie auf Seite 160.)

Außerdem kann es hilfreich sein, **die verschiedenen Gemütszustände zu verstehen**, die Ihr Geist durchmachen kann:

- ***Mudha:*** Träge, abgestumpft, düster – in diesem Zustand neigt der Geist dazu, Leid zu sehen und zu verursachen. Das macht es schwierig, klar und logisch zu denken, sodass man vergesslich wird und nur das Negative sieht.
- ***Kshipta*:** Unruhig, unkonzentriert, zerstreut – in diesem Zustand sucht der Geist nach dem, das Ihnen seiner Ansicht nach Freude bereitet. Er handelt nach Lust und Laune und oft sind ihm die Konsequenzen egal. Aus diesem Grund ist man dann für gewöhnlich aufgeregt und ständig aufgewühlt.
- ***Vikshipta*:** Gesammelt, manchmal konzentriert – in diesem Zustand beginnt der Geist, seine zerstreuten Gedanken zu ordnen, sodass man sich auf halbem Weg zwischen Konzentration und Unruhe befindet. Der noch unaufmerksame Geist entwickelt langsam einen friedvollen Zustand.
- ***Ekagrata*:** Konzentriert, „einpünktig", ruhig – in diesem Zustand fühlt man sich aufmerksam und geistig rege.
- ***Nirodha*:** Absolute Ruhe – könnte man diesen Zustand aufrechterhalten, wäre man immer glücklich und zufrieden.

Vielleicht beruhigt es Sie, zu wissen, dass die Gemütszustände der meisten Meditationsanfänger zwischen Trägheit (*Mudha*) und Unruhe (*Kshipta*) schwanken. Mit regelmäßiger Übung erreichen Sie jedoch allmählich Konzentration (*Ekagrata*) und Ruhe (*Nirodha*).

2
DIE KUNST DES MEDITATIVEN SITZENS

*„Die Sitzhaltung für die Meditation
sollte stabil und bequem sein.“*
sthira-sukham-āsanam
Patanjali, *Das Yogasutra, 2.46*

*„Die Kunst des richtigen und stillen Sitzens ist eine
Notwendigkeit, um während des Meditierens
eine Harmonie aus Körper und Geist zu erzielen.“*
B. K. S. Iyengar, *Licht auf Pranayama*

Die Kunst des Sitzens:
EINE EINFÜHRUNG

Traditionelle Meditationshaltungen, entweder mit gekreuzten Beinen, auf den Fersen oder auf einem Stuhl sitzend, machen sich den natürlichen Energiefluss im Körper optimal zunutze. Sie erfordern einen geraden, aufrechten Rücken, damit man sich mit den Energien der Erde verbinden und tief atmen kann.

Wenn der Körper richtig aufgerichtet ist (siehe Kasten unten), kostet es kaum Mühe, die gerade Haltung beizubehalten, da er sich wie von allein ausbalanciert, sodass die Energie des Körpers – die Lebenskraft *Prana* – ungehindert fließen kann.

Ist der Körper jedoch nicht richtig aufgerichtet, muss man die Muskeln anspannen, um der Schwerkraft entgegenzuwirken. Die Anstrengung stört das Gleichgewicht noch mehr, was es schwierig macht, sich zu konzentrieren und locker zu bleiben. In schweren Fällen können diese Bemühungen, aufrecht zu bleiben, sogar Taubheitsgefühle, andere Missempfindungen und/oder Schmerzen verursachen.

In der idealen Meditationshaltung sind alle Teile des Körpers, die den Boden oder den Stuhl berühren, optimal positioniert, und die Hüfte liegt etwas höher als die Knie.

Befinden sich die Knie *über* den Hüften, kippt der untere Teil der Wirbelsäule nach hinten und der Rücken wird rund. Dadurch sinken die Rippen nach innen, was die Bewegungen des Zwerchfells und des Brustkorbs behindert, sodass man keine vollständigen Atemzüge nehmen kann. Wenn der Körper sich selbst daran hindert, tief zu atmen, fühlt man sich unruhig, gestresst, gelangweilt und eingeengt, und man schläft auch leichter

DIE OPTIMALE KÖRPERHALTUNG

- Die Wirbelsäule ist aufrecht und behält ihre natürliche Krümmung bei.
- Die Schultern befinden sich direkt über den Hüften.
- Die Knie liegen etwas tiefer als die Hüften.
- Die Ohren sind auf einer Linie mit den Schultern.
- Das Brustbein ist angehoben und die Rippen können sich frei ausdehnen.
- Die Oberseite des Kopfes zeigt nach oben und das Kinn befindet sich parallel zum Boden.

Stellen Sie sich vor, dass Ihr Kopf von einer zarten Schnur nach oben gezogen wird und eine weitere Schnur am Brustbein befestigt ist, sodass der Brustkorb in einer aufrechten Position bleibt.

ein. Achten Sie also darauf, dass Ihre Knie etwas *tiefer* als die Hüften liegen, damit das Becken leicht nach vorn kippen kann und das Gewicht des Körpers direkt und gleichmäßig auf den Sitzbeinhöckern ruht.

Falls Sie nicht wissen, wo sich die Sitzbeinhöcker befinden, setzen Sie sich auf den Boden oder einen Stuhl, legen Sie Ihre Hände unter das Gesäß und ertasten Sie auf jeder Seite einen Knochen. Strecken Sie dann die Arme vor sich aus und verlagern Sie Ihr Gewicht auf diesen Knochen nach vorn und zurück, bis Sie schön gerade sitzen. Falls Ihnen das schwerfällt und/oder Ihr Steißbein immer nach vorn oder nach hinten kippt, probieren Sie die Übungen in Kapitel drei aus, vor allem die Schulterbrücke auf Seite 97.

Sich erden

Beim Erden verbinden wir uns mit den heilenden Energien des Planeten. Es verbessert unsere Fähigkeit, im Körper präsent zu sein, und ist unerlässlich für eine optimale Gesundheit. Die folgende Erdungsvisualisierung können Sie jederzeit machen, aber sie hilft besonders vor dem Meditieren, Ihren Geist und Ihren Körper darauf vorzubereiten:

1. Nehmen Sie Ihre gewünschte Sitzhaltung ein (siehe Seiten 42–48). Schließen Sie die Augen und stimmen Sie sich ein paar Minuten lang auf die Energien der Erde ein, etwa auf Stabilität und Standhaftigkeit. Stellen Sie sich vor, wie Sie fest im Boden verankert sind. Spüren Sie, wie Schwerkraft auf Ihren Körper wirkt.
2. Richten Sie Ihre Aufmerksamkeit auf die Körperteile, die den Boden (oder den Stuhl) berühren, also auf das Gesäß, die Beine und die Füße.
3. Atmen Sie in diese Bereiche hinein und stellen Sie sich vor, dass aus Ihrem Körper Wurzeln in die Erde wachsen. (Das wirkt stabilisierend, nährend und entgiftend.) Sie können sich auch vorstellen, dass Sie aus diesen Körperteilen Anker in die Erde abwerfen.
4. Nach einer Weile werden Sie eine angenehme Schwere verspüren, die sich schließlich in ein Gefühl der Gelassenheit und Stille verwandelt.
5. Nehmen Sie bei jedem Einatmen wahr, wie Sie Kraft aus der Erde in sich ziehen.
6. Lassen Sie bei jedem Ausatmen los, was Sie nicht brauchen: Schadstoffe, negative Gefühle oder alte Beziehungen und Vorstellungen, die nicht mehr zu Ihnen passen.

Sitzhaltungen

Die ideale Meditationshaltung ist eine, bei der Sie **stabil, aufrecht** und **bequem** sitzen, entweder auf dem Boden oder auf einem Stuhl. Der Körper muss gefestigt sein, damit der Geist leichter zur Ruhe kommen kann.

Auf den folgenden Seiten werde ich Ihnen eine Reihe von traditionellen Sitzhaltungen für die Meditation vorstellen. Probieren Sie sie aus, wann immer sie möchten, und finden Sie heraus, welche für Sie am besten passen und am bequemsten sind.

Welche Position Sie auch für sich auswählen, achten Sie darauf, dass Ihr Körper richtig ausgerichtet ist und Sie wirklich korrekt sitzen. (Wie das aussehen soll, entnehmen Sie dem Infokasten auf Seite 40.)

Wenn Sie im Alltag für gewöhnlich auf weichen Stühlen sitzen, aber gern auf dem Boden sitzend meditieren möchten, sollten Sie Ihren Körper erst an den harten Untergrund gewöhnen, indem Sie die Haltung beispielsweise beim Fernsehen üben, bevor Sie auf diese Weise meditieren.

Nicht vergessen: Die perfekte Haltung ist nicht angespannt – sie fühlt sich mühelos an.

Schneidersitz: Sukhāsana

Der Schneidersitz, auch als „einfache Haltung" bezeichnet, eignet sich perfekt, um die Energie während des Meditierens bei sich zu behalten. Dieser Sitz mit locker gekreuzten Beinen verhindert ein Entweichen der Energie – und das „Unendlichkeitssymbol", das die Beine bilden, erleichtert die Konzentration. Diese Haltung ist auch besonders zu empfehlen, um die Atemübungen aus Kapitel vier zu machen.

1. Setzen Sie sich auf den Boden und kreuzen Sie die Beine so, dass sich jeder Fuß unter dem gegenüberliegenden Knie oder Oberschenkel befindet. Dabei spielt es keine Rolle, welches Bein vorn liegt.
2. Die Knie sollen nicht höher als die Hüften sein. Wenn es Ihnen schwerfällt, die Knie weiter zum Boden zu bringen, oder wenn Ihre Hüfte unbeweglich ist, sitzen Sie leicht erhöht auf einem Kissen, einem Yogablock oder einer gefalteten Decke. Am besten positionieren Sie sich darauf im vorderen Drittel, damit der Körper optimal ausgerichtet ist. Diese kleine Erhöhung hilft, den unteren Rücken und die Hüften zu entlasten. Achten Sie aber darauf, kein Hohlkreuz zu machen.

3. Die Knie sollten am Boden ruhen, aber wenn Sie das noch nicht schaffen, stützen Sie sie mit Kissen oder zusammengerollten Decken. Mit zunehmender Übung werden Ihre Hüften lockerer und die Muskeln des unteren Rückens kräftiger.
4. Achten Sie darauf, dass Ihr Kopf aufgerichtet, das Kinn parallel zum Boden und der Rücken gerade ist. Die Schultern sollen nicht gerundet sein.
5. Das Gewicht leicht von einer Seite auf die andere verlagern, bis Sie Ihren Körper richtig ausbalanciert haben.
6. Sitzen Sie dann so ruhig wie möglich da, bereit für die Meditation.

VARIANTE: FALLS DER SCHNEIDERSITZ FÜR SIE UNBEQUEM IST, KÖNNTE DER SOGENANNTE **BURMESISCHE SITZ** EINE ALTERNATIVE SEIN. SETZEN SIE SICH ZUERST IN DEN SCHNEIDERSITZ UND SCHIEBEN SIE IHRE FÜSSE EIN WENIG NACH VORN, SODASS SIE ENTSPANNT AUF DEM BODEN RUHEN. EIN FUSS LIEGT VOR DEM ANDEREN STATT UNTER DEM GEGENÜBERLIEGENDEN KNIE ODER OBERSCHENKEL. IDEALERWEISE BEFINDEN SICH BEIDE FÜSSE UND BEIDE KNIE AUF DEM BODEN, ABER VIELLEICHT MÜSSEN SIE LEICHT ERHÖHT AUF EINEM KISSEN ODER YOGABLOCK SITZEN.

Sitz der Weisen: Siddhãsana

Diese Haltung ist etwas schwieriger als der zuvor erwähnte Schneidersitz, aber einfacher als der halbe Lotossitz unten und der Lotossitz auf der nächsten Seite. Je stabiler Sie sitzen, desto leichter werden Sie sich konzentrieren können, was wiederum bedeutet, dass Ihnen die Meditation mehr Nutzen bringt.

In alten Yogatexten gilt *Siddhãsana* als die bevorzugte Haltung, um Atemübungen zu machen. Dafür eignen sich aber auch der Schneidersitz oder der burmesische Sitz.

1. Setzen Sie sich mit ausgestreckten Beinen auf den Boden. Wenn Sie möchten, sitzen Sie leicht erhöht auf einem Kissen oder einer zusammengefalteten Decke.
2. Das linke Bein beugen und die linke Ferse vor das Schambein und möglichst nahe an den Körper legen.
3. Das rechte Bein beugen und den rechten Fuß anheben und auf die linke Wade legen. Machen Sie die Bewegungen behutsam.
4. Sitzen Sie dann möglichst ruhig da, bereit für die Meditation.

Halber Lotossitz: Ardha-Padmãsana

Diese Haltung ist leichter als der ganze Lotossitz, bietet aber größtenteils die gleichen Vorteile des stabilen, geerdeten Sitzens.

1. Setzen Sie sich im Schneidersitz hin.
2. Legen Sie einen Fuß behutsam auf den Oberschenkel des anderen Beins, sodass die Fußsohle nach oben zeigt. Der andere Fuß bleibt unter dem Bein, das oben liegt, entweder unter dem Knie oder dem Oberschenkel.
3. Den Blick gerade nach vorn richten und die Schulterblätter ein Stück zusammenziehen.
4. Nun sind Sie bereit für die Meditation.

Lotossitz: Padmãsana

Der Lotossitz ist eine schwierigere Haltung, die eine bewegliche Hüfte erfordert. Er gilt oft als typische Yogastellung. In vielen Traditionen Asiens steht der Lotos für Reinheit, Erleuchtung, Wiedergeburt und das Ideal des menschlichen Strebens: Selbst wenn seine Wurzeln in schmutzigem Wasser stehen, wächst aus ihm eine wunderschöne Blüte.

Der Lotossitz bietet Fortgeschrittenen eine stabile Basis für Atemübungen und Meditation. Er ist die beste Haltung, in der das *Prana*, die feinstoffliche Energie des Körpers, fließen kann. Lassen Sie sich diesen Sitz von einem Yogalehrer zeigen, wenn Sie ihn zum ersten Mal machen. Bringen Sie Ihre Beine nicht mit Gewalt in die Position.

1. Setzen Sie sich mit ausgestreckten Beinen hin.
2. Den rechten Fuß auf den linken Oberschenkel legen – so nahe wie möglich an den Rumpf. Dann den linken Fuß auf den rechten Oberschenkel legen.
3. Beide Fußsohlen sollen nach oben zeigen und beide Knie sollen den Boden berühren. Sitzen Sie dann möglichst ruhig da, bereit für die Meditation.

VORSICHT: MACHEN SIE DEN LOTOSSITZ NICHT, WENN SIE KNIEBESCHWERDEN ODER KRAMPFADERN HABEN ODER IHRE BEINE LEICHT EINSCHLAFEN.

Fersensitz oder Donnerkeilhaltung: Vajrăsana

Eine weitere Sitzhaltung, die häufig in der Zen-Meditation (*Zazen*) verwendet wird, ist der Fersensitz, der dort *Seiza* genannt wird. Diese Position wirkt anregend und ausgleichend auf den Energiefluss, vor allem im Bereich des Solarplexus.

1. Auf einer Matte oder gefalteten Decke kniet es sich bequemer.
2. Knien Sie so, dass der Fußrücken auf der Matte oder Decke liegt und Sie mit dem Gesäß auf den Fersen sitzen.
3. Die Füße und Knie können zusammen oder ein Stück auseinander sein. Richten Sie die Wirbelsäule auf. Nun sind Sie bereit für die Meditation.

HINWEIS: WENN IHRE KNÖCHEL ODER FÜSSE WEHTUN, STÜTZEN SIE SIE MIT EINEM KLEINEN, AUFGEROLLTEN HANDTUCH AB.

Kniesitz oder Heldensitz: Virãsana

Wenn der Fersensitz zu unbequem für Sie ist, können Sie auch leicht erhöht auf einem länglichen Yogakissen (Bolster) sitzen, um Ihre Beine zu entlasten.

1. Eine Matte oder gefaltete Decke auf den Boden und darauf ein Bolster legen. Alternativ können Sie auch ein Meditationskissen oder einige Yogablöcke nehmen. Wenn Sie ein Bolster verwenden, platzieren Sie es der Länge nach auf der Matte.
2. Knien Sie sich direkt vor das Bolster, sodass sich jeder Fuß auf einer Seite befindet. Setzen Sie sich dann rittlings darauf. Die Unterschenkel und Knie sind auf dem Boden und berühren die Seiten, die Oberschenkel verlaufen in einem Winkel von ungefähr 45 Grad und der Oberkörper ist gerade aufgerichtet.
3. Sind Ihre Fußgelenke nicht mobil genug oder tun Ihnen die Fußrücken und/oder die Fußgelenke weh, können Sie jeden Fuß auf ein kleines Handtuch oder etwas Ähnliches legen, um ihn ein wenig abzupolstern.
4. Kippen Sie das Becken nach vorn, damit Sie kein Hohlkreuz machen und den mittleren Rücken nicht übermäßig belasten.
5. Ziehen Sie die Wirbelsäule in die Länge und spüren Sie, wie angenehm das Aufrichten ist und wie es ein Gefühl der inneren Ausdehnung und Ruhe fördert.
6. Die Schultern und Hüften sollen sich auf einer senkrechten Linie befinden.
7. Nun sind Sie bereit, um mit dem Meditieren zu beginnen.

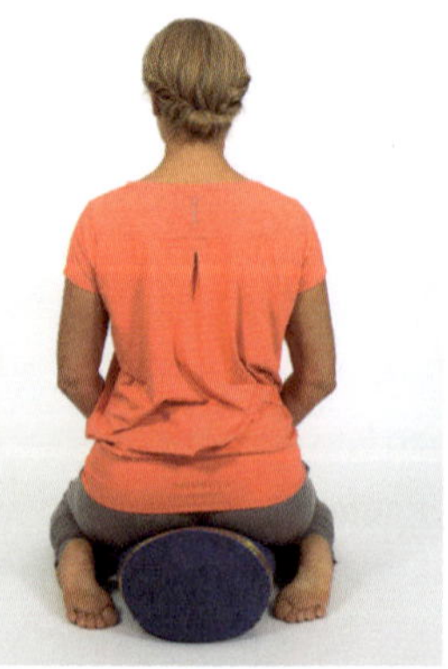

HINWEIS: WENN SIE MERKEN, DASS IHRE RIPPEN NACH VORN KIPPEN, SETZEN SIE SICH ETWAS HÖHER, INDEM SIE EINEN WEITEREN YOGABLOCK ODER EINE ZUSÄTZLICHE DECKE HINZUNEHMEN, JE NACHDEM, WORAUF SIE BEREITS SITZEN. DAS SCHAFFT KURZFRISTIG ABHILFE, ABER SIE KÖNNEN DAS PROBLEM AUCH DIREKT ANGEHEN, INDEM SIE DIE BECKENHEBUNG UND DIE SCHULTERBRÜCKE ÜBEN (SIEHE SEITEN 96–97).

VARIANTE: MAN KANN AUCH DIREKT AUF DEM BODEN ZWISCHEN DEN FÜSSEN SITZEN, OHNE DEN PO MIT EINEM KISSEN ZU STÜTZEN. DABEI WERDEN DIE KNIEGELENKE JEDOCH STARK ANGEWINKELT, WAS EINE GUTE MOBILITÄT IN DEN FUSSGELENKEN, OBERSCHENKELN UND HÜFTBEUGERN ERFORDERT. DIESE VARIANTE IST NICHT EMPFEHLENSWERT, WENN SIE ANFÄNGER SIND, VOR KURZEM IHR KNIE ODER FUSSGELENK VERLETZT HABEN ODER ZU VERHÄRTETEN OBERSCHENKELMUSKELN NEIGEN.

Kniesitz mit Meditationsbank

Wenn die Haltungen mit gekreuzten Beinen oder angewinkelten Knien zu unbequem sind, können Sie auch auf einem niedrigen Hocker oder einer Meditationsbank sitzen. In der Zen-Tradition gibt es die *Seiza*-Bank, die eine geneigte Sitzfläche hat und auf zwei Seitenteilen steht (mehr dazu auf Seite 66).

1. Knien Sie so, dass die Fußrücken und die Schienbeine auf der Matte liegen und die Beine leicht auseinander, aber parallel sind.
2. Stellen Sie die Bank über die Waden und setzen Sie sich dann darauf. Die meisten Bänke sind ungepolstert, aber Sie können bei Bedarf eine Decke oder ein Handtuch falten und auf die Sitzfläche legen.
3. Setzen Sie sich auf der Bank so aufrecht wie möglich hin. Ziehen Sie die Wirbelsäule lang und gerade.
4. Legen Sie die Hände ineinander oder auf die Oberschenkel. Es gibt auch meditative Fingerhaltungen, sogenannte Mudras, die Sie bilden können, wenn Sie möchten (siehe Seiten 50–54).
5. Nun sind Sie bereit, zu meditieren.

Auf einem Stuhl sitzen

Wenn Sie nicht auf dem Boden sitzen können oder möchten, ist das auch kein Problem. Auf einem Stuhl mit gerader Lehne meditiert es sich auch ganz gut. Ein Polstersessel, ein Sofa oder ein Bett eignen sich dafür aber weniger, da weiche Möbel zum Lümmeln einladen und die Wahrscheinlichkeit, müde zu werden, größer ist.

1. Setzen Sie sich auf die vordere Hälfte des Stuhls. Der Rücken soll parallel zur Lehne stehen, sie aber nicht berühren.
2. Die Oberschenkel sollen sich parallel zum Boden befinden, die Knie dabei etwas tiefer als die Hüften. Wenn Sie lange Beine haben, kann es sein, dass die Knie über den Hüften sind. In diesem Fall können Sie noch eine gefaltete Decke auf den Stuhl legen, um etwas erhöhter zu sitzen.
3. Die Knie und Füße hüftbreit auseinander stellen. Die Unterschenkel sollen zwei parallele Linien bilden, die im rechten Winkel zum Boden stehen.
4. Die Füße sind flach auf dem Boden und die Zehen zeigen nach vorn. Das hilft Ihnen, sich zu erden. Falls Sie mit den Füßen nicht zum Boden kommen, können Sie zwei Yogablöcke, ein Kissen oder eine gefaltete Decke auf den Boden legen und die Füße daraufstellen.

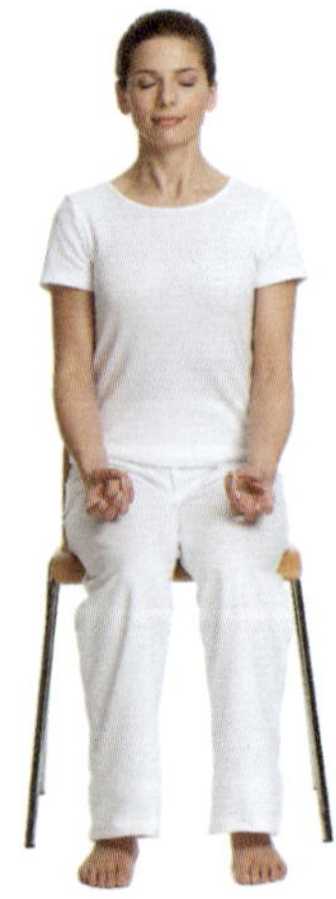

HINWEIS: NIE DIE BEINE ODER KNÖCHEL ÜBEREINANDERLEGEN. FALLS SIE BEIM AUFRECHTEN SITZEN AUF DEM VORDEREN BEREICH DES STUHLS SCHMERZEN IM UNTEREN RÜCKEN BEKOMMEN, STECKEN SIE EIN KLEINES RUNDES KISSEN ZWISCHEN IHREN UNTEREN RÜCKEN UND DIE LEHNE.

Wenn Sie eine Sitzhaltung gefunden haben

Sobald Sie entschieden haben, welche Sitzhaltung für Ihre Meditationspraxis am besten geeignet ist, können Sie verschiedene Hand- und Augenpositionen ausprobieren.

Die Hände können in den Schoß oder auf die Oberschenkel gelegt werden. Auf den Seiten 50–54 finden Sie einige Mudras – Handgesten für die Meditation. Auf den Seiten 55–59 erfahren Sie, wohin Sie Ihren Blick richten sollen (das nennt man *Drishti*).

AUF DIE MEDITATION EINSTIMMEN

Nachdem Ihr Körper die richtige Haltung eingenommen hat, braucht der Geist noch ungefähr 10 Minuten, bis er zur Ruhe kommt und wirklich meditieren kann. Das wird Ihnen leichter fallen, wenn Sie regelmäßig die Atemübungen aus Kapitel vier praktizieren.

Dieses Einstimmen des Geistes auf die Meditation ist ähnlich wie einem Vogel beizubringen, zurück auf seine Sitzstange zu fliegen: Sie müssen Ihr Gehirn „trainieren", ganz ruhig wieder zu Ihrem Konzentrationspunkt zurückzukehren. Sobald die Gedanken abschweifen, prüfen Sie Ihre Haltung. Fühlt sich irgendein Teil Ihres Körpers angespannt oder unwohl, helfen Ihnen vielleicht die Dehn- oder Yogaübungen im nächsten Kapitel.

SCHMERZEN UND POSITIONSWECHSEL

Beim Meditieren bleibt der Körper im Idealfall ganz still. Der Geist soll schließlich zur Ruhe kommen und der Körper kann sich nur bewegen, wenn der *Geist* ihn bewegt. Werden Sie jedoch durch Schmerzen oder Schläfrigkeit zu sehr abgelenkt, dürfen Sie Ihre Sitzhaltung leicht verändern. Alternativ können Sie auch Hilfsmittel wie Kissen oder Yogablöcke verwenden, um bequemer zu sitzen (siehe Seiten 64–65).

EIN KISSEN ALS STÜTZE

Wenn Sie ein Mudra einnehmen, bei dem die Hände in den Schoß gelegt werden, neigt sich der Oberkörper oft ein Stück nach vorn. Wer ohnehin einen Rundrücken hat, sitzt dann mit einem gestauchten Brustkorb da. Um das zu verhindern, können Sie ein kleines Kissen auf den Schoß legen und darauf dann die Hände platzieren. So wird der Oberkörper gestützt und die Schultern sanft nach hinten geschoben. Manche legen sich auch gern einen Schal oder eine Decke über die Beine, damit ihnen nicht kalt wird.

MUDRAS FÜR DIE MEDITATION

Beim Meditieren verschränken viele ihre Hände ganz locker oder legen sie auf die Oberschenkel. Manche bilden mit den Fingern aber auch spezielle Handgesten, die man Mudras nennt. Sie lenken feinstoffliche Energien in bestimmte positive Bahnen im Körper und halten sie dort fest.

Mudras können Ihnen helfen, während der Meditation den Energiefluss im Körper zu kontrollieren, die Sauerstoffversorgung des Gehirns zu verbessern und den Einklang mit der Natur zu spüren. Diese kraftvollen Gesten unterstützen Sie dabei, Ihr Gemüt zu besänftigen, Ihren Geist zu bereinigen und Ihr inneres Bewusstsein auszudehnen.

Es gibt zwei wesentliche Arten von Mudras: Solche, bei denen die Finger im Schoß zusammengeführt werden, und solche, bei denen die Hände auf den Knien oder Oberschenkeln liegen und durch die Position der Finger Energiekreisläufe erzeugt werden. Dazu müssen die Finger und/oder Hände keinen starken Druck ausüben; eine leichte Berührung genügt.

Da die Mudras auch Energieblockaden lösen, kann es sein, dass Sie ungewöhnliche, aber nicht unangenehme Empfindungen in Ihren Armen oder im Rest des Körpers wahrnehmen, wenn Sie die Fingerhaltung einnehmen. Dieses Gefühl kann sofort auftreten oder erst nach einiger Zeit, da die meisten Mudras auf subtile und allmähliche Weise arbeiten. Je länger Sie diese Gesten in Ihrer Meditationspraxis verwenden, desto mehr positive Veränderungen in Ihrem Bewusstsein werden Sie bemerken.

Auf den folgenden Seiten werde ich Ihnen einige der gängigsten Mudras für die Meditation vorstellen. Wenn Sie mehr über Mudras lernen wollen, empfehle ich Ihnen mein Buch *Entdecke die Kraft der Mudras*.

Chin-Mudra: Geste des uneingeschränkten Bewusstseins

Das Chin-Mudra wird mit der Handfläche nach oben gebildet und ist wohl die Geste, die am stärksten mit Meditation assoziiert wird. Diese Verbindung des Daumens (der das höchste Bewusstsein symbolisiert) mit dem Zeigefinger (der für das individuelle Bewusstsein steht) hat zwar nur eine subtile Wirkung, aber mit regelmäßiger Übung erkennt Ihr Geist die Geste als Signal, in einen meditativen Zustand zu wechseln.

Das Chin-Mudra fördert innere Ruhe und hilft Ihnen, sich auf sich und Ihr Umfeld einzustimmen. Es erzeugt ein Gefühl von Harmonie, Frieden und Gemeinschaft. Auf körperlicher Ebene fördert es die Sauerstoffversorgung des Gehirns, was Ihre geistigen Fähigkeiten und Ihr Gedächtnis stärkt. Es gibt zwei gängige Varianten des Chin-Mudras.

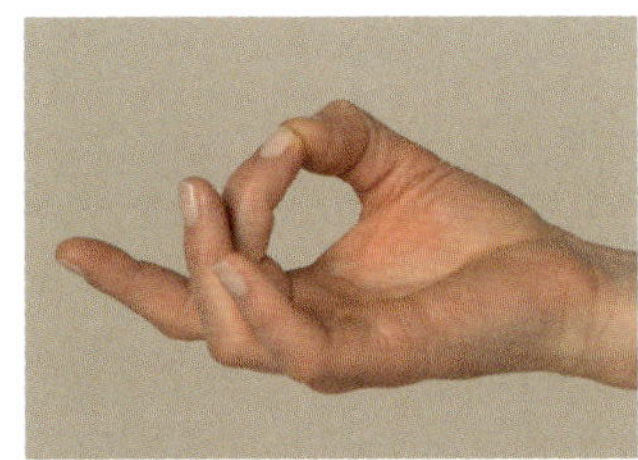

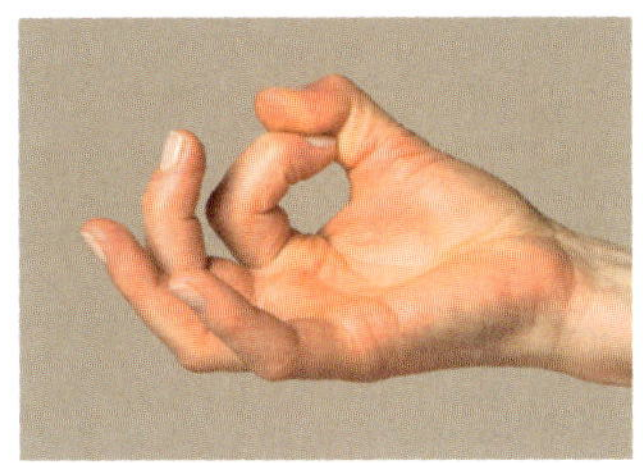

1. **Variante A:** Die Spitze des Zeigefingers jeder Hand an den Daumen derselben Hand legen, sodass die Finger einen Kreis bilden.
   Variante B: Die Spitze des Zeigefingers jeder Hand an die Innenseite des oberen Daumengelenks legen und mit dem Daumen auf den Zeigefingernagel drücken.
2. Die restlichen Finger bleiben entspannt und die Handrücken ruhen auf den Knien oder Oberschenkeln – je nachdem, was bequemer ist. Die Handflächen zeigen nach oben, um Energie und Inspiration zu empfangen.
3. Sitzen Sie mit geradem Rücken. Die Schultern sollen aufgerichtet, aber entspannt sein. Halten Sie dann diese Geste, während Sie meditieren.

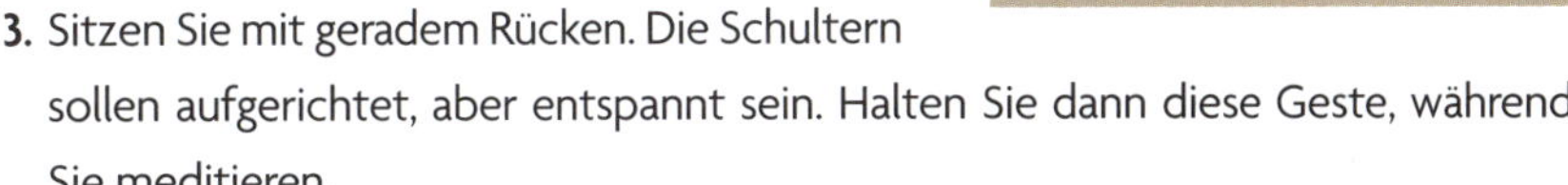

Jnana-Mudra: Geste der Weisheit

Das Jnana-Mudra (manchmal auch „Gyana“ geschrieben) ähnelt dem Chin-Mudra, aber statt die Hände mit den Innenseiten nach oben zu drehen, werden sie mit den Fingern und Handflächen nach *unten* auf die Knie oder Oberschenkel gelegt – um die Energie *einzudämmen* und sich zu erden. Dieses Mudra wirkt verankernd und stabilisierend, daher eignet es sich vor allem für unruhige und rastlose Menschen.

Das Jnana-Mudra unterstützt uns bei großen Veränderungen im Leben, zum Beispiel wenn wir umziehen, den Job wechseln oder trauern. Wenn Sie es regelmäßig praktizieren, werden Sie Ihren Lebensweg schon bald viel klarer erkennen.

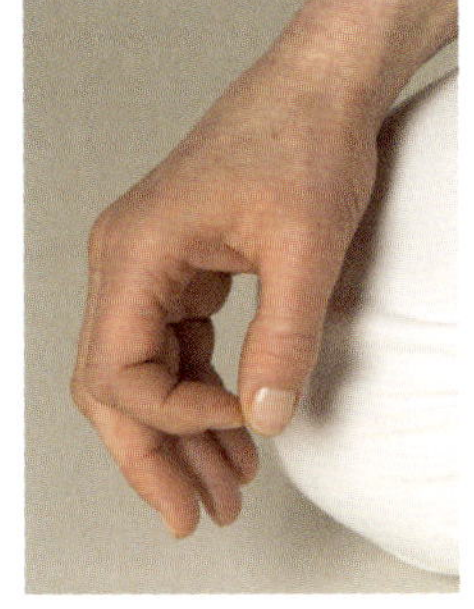

1. Sitzen oder knien Sie in Ihrer gewählten Haltung. Die Spitze des Zeigefingers jeder Hand an den Daumen legen und einen Kreis bilden.
2. Die Innenseiten der Handgelenke ruhen auf den Knien oder Oberschenkeln. Die Handflächen zeigen nach unten. Die Ellbogen und Arme sind nicht angespannt.
3. Der Rücken ist gerade und die Schultern aufrecht, aber entspannt. Meditieren Sie dann in dieser Haltung.

Hridaya-Mudra: Geste des mitfühlenden Herzens

Das Hridaya-Mudra lässt mehr positive Energie in Ihr Herzchakra fließen. (Das Herzchakra ist das Energiezentrum in der Mitte der Brust.) Es fördert bedingungslose Liebe und mitfühlende Kommunikation. Diese Handgeste kann Ihnen helfen, aufgestaute negative Gefühle loszulassen und Ihr Herz zu entlasten. Sie ist ein großartiges Werkzeug, wenn Sie mehr Empathie und Mitgefühl entwickeln möchten.

1. Sitzen oder knien Sie in Ihrer Haltung. Die Zeigefinger nach innen beugen, bis ihre Spitze an ihrer Wurzel liegt. Die Zeigefinger weiter nach innen bringen, sodass das erste Gelenk die Wurzel des Daumens an derselben Hand berührt.
2. Die Spitze jedes Daumens an die Spitzen von Ring- und Mittelfinger derselben Hand legen. Die kleinen Finger bleiben entspannt ausgestreckt.

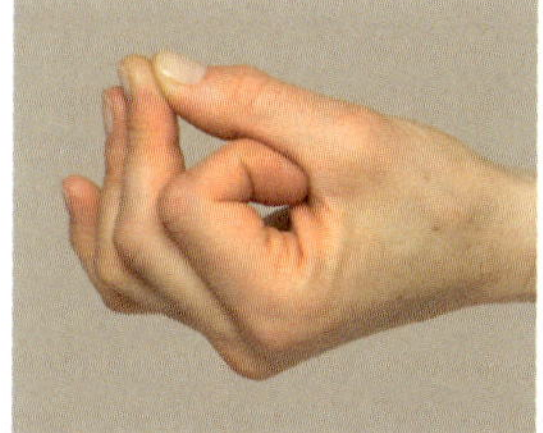

4. Die Handrücken auf die Knie oder Oberschenkel legen. Die Handflächen zeigen nach oben.
5. Der Rücken und die Schultern sollen aufrecht, aber entspannt sein. Halten Sie diese Geste dann, während Sie meditieren.

Bhairava-Mudra: Geste der festen Entschlossenheit

In der hinduistischen und buddhistischen Mythologie ist Bhairava ein Gott mit einer mächtigen, schrecklichen Form. Er zerstört mit seiner Wildheit negative und andere unerwünschte Eigenschaften wie Zorn, Hass, Eifersucht, Gier und Angst. Viele Meditierende verspüren ein unmittelbares Gefühl geistiger Ruhe, wenn sie diese Geste machen.

Diese Fingerhaltung animiert uns, trotz aller Widrigkeiten fest entschlossen zu bleiben. Wenn die Negativität aus dem Geist weicht, entsteht Raum für Mitgefühl, innere Balance und andere positive Eigenschaften.

1. Sitzen oder knien Sie in Ihrer gewählten Haltung. Legen Sie die Hände in den Schoß, eventuell auf ein kleines Kissen, falls das bequemer für Sie ist.
2. Die rechte Hand mit der Handfläche nach oben in die linke legen. Diese Haltung fördert die friedvolle Kommunikation zwischen den Gehirnhälften – der linken (rational, verbal, mathematisch) und der rechten (intuitiv, nonverbal, räumlich). Sie verbindet auch die Energien, die durch die zwei Hauptmeridiane (Energie-

bahnen) im Körper fließen. Im Yoga bezeichnet man diese beiden Bahnen als *Ida-* und *Pingala-Nadi*.

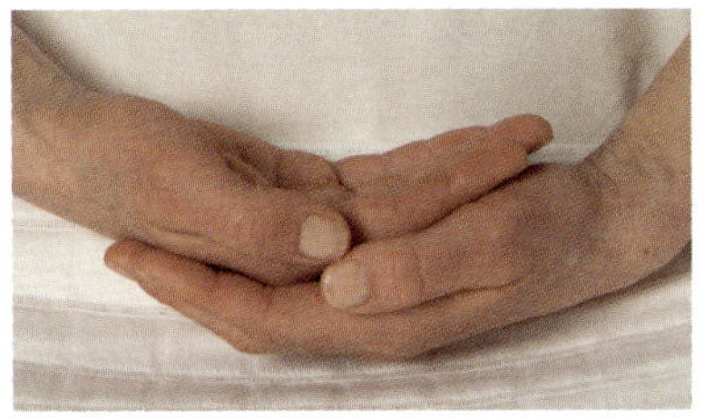

3. Rücken und Schultern sind aufrecht, aber entspannt. Halten Sie diese Position, während Sie meditieren.

 **VARIANTE:** IN MANCHEN BUDDHISTISCHEN GEMEINSCHAFTEN WIRD EMPFOHLEN, DASS FRAUEN BEIM BHAIRAVI-MUDRA DIE LINKE HAND IN DIE RECHTE LEGEN, UM EINE WEIBLICHE ENERGIE ZU BETONEN, DIE GENAUSO WILD IST WIE DIE MÄNNLICHE ENERGIE, DIE DIESE GESTE AKTIVIERT.

Dhyana-Mudra: Geste der Meditation

Zwar sind *alle* der hier vorgestellten Mudras für die Meditation nützlich, aber diese Geste hat eine besondere Bedeutung dafür. Wird eine Person mit ihren Händen im Dhyana-Mudra abgebildet, gilt sie als friedvoller und/oder gegenwärtig gelassener Mensch.

Das Dhyana-Mudra erleichtert die tiefe Zwerchfellatmung und verbessert die mentale Klarheit, sodass Sie selbst in den stressreichsten Situationen einen kühlen Kopf bewahren und Kraft aus Ihrem Inneren schöpfen können. Auch rastlose Gedanken werden besänftigt und Sie strahlen diese Seelenruhe auch auf andere aus.

Die Geste wird in mehreren Traditionen verwendet und fördert die Fähigkeit, in die Stille zu gehen, grenzenloses Potenzial zu erschließen und innere Stärke zu entwickeln. Das Dhyana-Mudra signalisiert unserem Gehirn, in einen meditativen Zustand zu gehen.

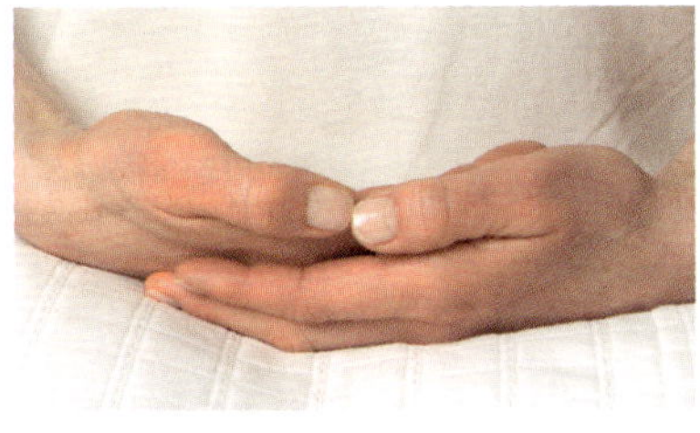

1. Sitzen oder knien Sie. Die Hände im Schoß ineinanderlegen, die Handflächen zeigen nach oben. Es spielt keine Rolle, welche Hand zuoberst liegt.
2. Die Daumenspitzen sanft zusammenführen, um einen ungebrochenen Energiefluss zu erzeugen. Er verbindet Sie mit der inneren Stille und verstärkt dadurch die Wirkung der Meditation.
3. Halten Sie diese Position, während Sie meditieren. Arbeiten Sie darauf hin, dieses Mudra jeden Tag für 20–30 Minuten einzunehmen.

Yoni-Mudra: Siegel der Göttin

Das Wort *Yoni* stammt aus dem Sanskrit und bedeutet Mutterleib, Schoß oder Quelle, das Gefäß der weiblichen Urkraft *Shakti*. Das Yoni-Mudra ist eine Fingerhaltung, die alle Energien im Körper ausbalanciert. Diese Geste verbessert die Kommunikation zwischen der nonverbalen, intuitiven, räumlichen Wahrnehmung der rechten Gehirnhälfte und dem rationalen, verbalen, mathematischen Ansatz der linken Gehirnhälfte.

Das Yoni-Mudra lenkt entweichende Energie zurück in den Körper. Das stabilisiert den Geist, was wiederum die Konzentration und die Wahrnehmung des Inneren fördert. Legt man die Zeigefinger und Daumen aneinander, wird der Energiefluss noch verstärkt.

1. Sitzen oder knien Sie in Ihrer gewählten Haltung. Die Finger locker ineinander verschränken.
2. Die Daumen ausstrecken und die Spitzen aneinanderlegen, sodass sie nach oben zeigen.
3. Die Zeigefinger ausstrecken und die Spitzen aneinanderlegen, sodass sie nach unten zeigen.
4. Die Hände in den Schoß legen. Rücken und Schultern sind aufrecht, aber entspannt. Halten Sie die Position, während Sie meditieren.

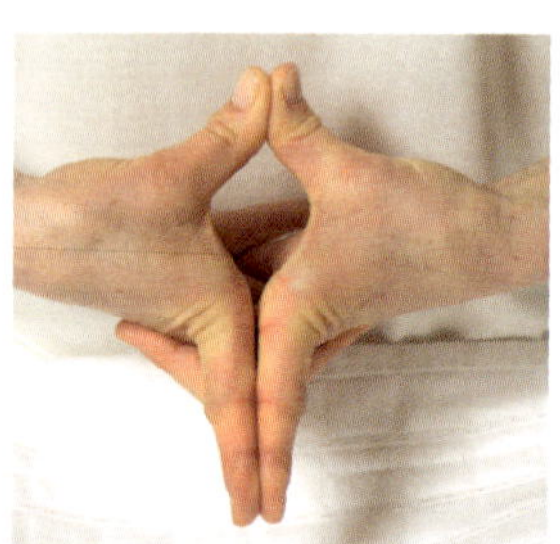

Ganesha-Mudra: Geste, die Hindernisse überwindet

Dieses Mudra ist nach dem elefantenköpfigen indischen Gott Ganesha benannt. Er steht für die Energie, die uns hilft, Probleme im Leben aus dem Weg zu räumen. Die Geste soll uns bewusst machen, dass wir über die innere Stärke verfügen, sämtliche Widrigkeiten zu überwinden. Das Ganesha-Mudra gibt uns den Mut und die erforderliche Willenskraft, damit wir uns schwierigen Situationen stellen können, und es fördert Mitgefühl und Respekt für andere. Häufig wird es bei Gehmeditationen verwendet.

1. Sitzen oder knien Sie. Die rechte Handfläche nach oben drehen und die linke Hand, die nach unten zeigt, darauflegen.
2. Die Finger beugen, sodass sie ineinander verhakt sind. Die Hände liegen im Schoß oder befinden sich auf Taillenhöhe.
3. Meditieren Sie in dieser Position.

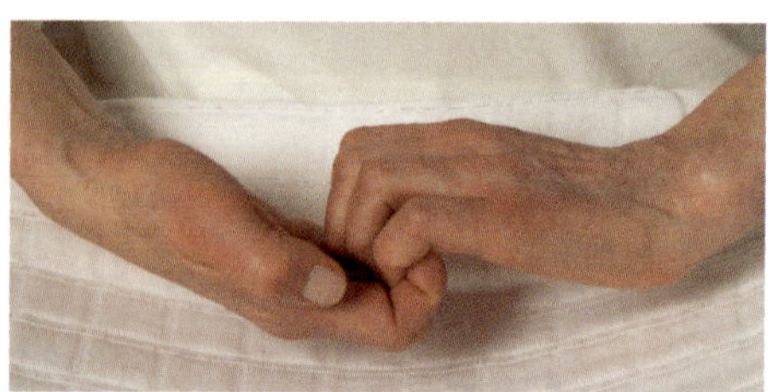

Die Augenhaltung beim Meditieren

Die Augen werden oft als Fenster zur Seele bezeichnet. Manche Lehrer raten, die Augen während der Meditation offen zu halten, um die Achtsamkeit zu fördern, aber im Yoga wird oft empfohlen, die Augen zu schließen, um das Üben des sogenannten *Pratyahara* – das „Zurückziehen der Sinne" – zu erleichtern (mehr dazu auf Seite 164).

Das Meditieren mit geschlossenen Augen fühlt sich oft intimer und fokussierter an, ähnlich wie wenn Sie mit geschlossenen Augen Ihre Lieblingsmusik hören. Es hilft dabei, sich dem Alltag zu entziehen, wenn man das Bedürfnis hat, da man die Aufmerksamkeit nicht mehr auf die Ablenkungen im Außen, sondern auf das innere Erleben richtet.

Umgekehrt unterstützt uns das Meditieren mit offenen Augen dabei, im gegenwärtigen Moment präsenter zu sein. Auch wenn Sie dazu neigen, während der Meditation einzuschlafen, oder wenn Sie ohnehin schon müde sind, ist es vielleicht besser, die Augen offen zu lassen.

Wenn Ihre Augen während des Meditierens offen sind, können Sie Ihre Aufmerksamkeit auch auf einen Punkt richten, etwa auf eine Kerzenflamme, auf den Horizont oder auch auf den Boden, der vor Ihnen liegt, wie bei einer Gehmeditation.

Drishti ist ein Wort aus dem Sanskrit und bezeichnet den Blick, der nach außen oder nach innen gerichtet werden kann. Lenkt man ihn auf ein bestimmtes Ziel, schweifen die Gedanken nicht so leicht ab. Ein *Drishti* hilft auch dabei, eine Position stabil zu halten und den Körper in die korrekte Ausrichtung zu bringen.

Auf den folgenden Seiten finden Sie verschiedene *Drishti*-Varianten, die in der Meditation verwendet werden – damit Sie einige kennenlernen und herausfinden, welche(n) Sie in Ihre eigene Praxis einbauen möchten.

Augen offen mit unscharfem Blick

In manchen Traditionen, etwa in der Nyingma-Linie des tibetischen Buddhismus, wird mit „weichem Blick" meditiert. Dabei werden indirektes und direktes Sehen integriert. Diese Art des Fokussierens wird unter anderem von Athleten, Kampfsportlern, Innenarchitekten und darstellenden Künstlern verwendet. Profisportler bezeichnen sie auch als „Tunnelblick" oder „im Flow sein".

- Bevor Sie mit der Meditation beginnen, strecken Sie die Arme auf Schulterhöhe zu den Seiten aus, mit den Handflächen nach vorn. Die Handgelenke dann nach innen beugen, sodass die Handflächen zueinander zeigen.
- Die Augen sind offen, aber auf nichts Bestimmtes fokussiert. Lassen Sie Ihren Blick ein wenig verschwimmen und unscharf werden.
- Wackeln Sie mit den Fingern und, wenn nötig, bewegen Sie die Arme ein Stück nach vorn, bis Sie die Bewegungen Ihrer Finger im Augenwinkel sehen können. Das ist die Grenze Ihres peripheren Blicks. Konzentrieren Sie sich darauf, aber strengen Sie Ihre Augen dabei nicht an. Entspannen Sie einfach die Augenmuskeln.
- Wenn Sie während des Meditierens die Augen geöffnet halten und den Blick verschwimmen lassen, werden Sie merken, wie sich mit der Zeit das Zwerchfell ausdehnt, sodass Sie tiefer und entspannter atmen.

Blick nach unten

In manchen Traditionen wird mit halb offenen Augen meditiert. Schauen Sie dabei in einem Winkel von etwa 45 Grad nach unten oder fixieren Sie Ihren Blick auf einen Punkt, der sich ungefähr 1–2 Meter vor Ihnen auf dem Boden befindet.

Wenn Ihre Gedanken besonders zerstreut sind, setzen Sie den Fixpunkt etwas näher an den Körper. Das wirkt noch stabilisierender. Der Kopf soll dabei aber nicht nach vorn fallen.

Blick zur Nase: Nasagra-Drishti

Der Blick zur Nase ist eine vorbereitende Übung, die den Geist stabilisiert und die Sehkraft stärkt. Aus diesem Grund wird dieses *Drishti* nicht während des Meditierens, sondern gleich zu Beginn gemacht. Anschließend werden die Augen wieder entspannt und während der Meditation wird nur die Aufmerksamkeit auf die Nasenspitze gerichtet.

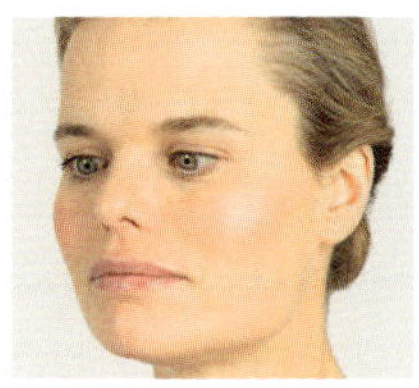

1. Nach unten blicken und beide Augen auf die Nasenspitze fokussieren. Die Augenlider sind halb geschlossen.
2. Halten Sie den Blick 10 Sekunden lang. Entspannen Sie die Augen anschließend und meditieren Sie.

Blick nach oben: Bhrũmadhya-Drishti

Wenn Sie den Blick zur Nase beherrschen, ohne sich zu verkrampfen, können Sie auch den Blick nach oben ausprobieren. Auch das ist eine Übung, die man vor dem Meditieren und nicht währenddessen macht. Sie dient als Vorbereitung auf eine Meditation, bei der Ihre Augen entspannt sind, aber Ihre *Aufmerksamkeit* auf die Stirn gerichtet ist.

1. Die Augen nach oben, Richtung Stirn bewegen und den Blick auf den Punkt zwischen den Augenbrauen fixieren.
2. Den Blick maximal 10 Sekunden halten. Dann die Augen entspannen und mit der Meditation beginnen.

Starrender Blick: Tratak

Tratak fördert eine hohe Konzentration, stärkt die Sehkraft und reinigt Augen, Tränenkanäle und Nebenhöhlen. Am besten machen Sie diese Übung in einem abgedunkelten Raum. Falls Sie eine Brille oder Kontaktlinsen tragen, sollten Sie sie vorher entfernen.

1. Stellen Sie eine brennende Kerze eine Armlänge entfernt vor sich hin. Die Augen sollten sich ungefähr auf einer Linie mit der Flamme befinden und die Kerze etwas tiefer. Vermeiden Sie Zugluft, damit die Flamme nicht flackert.
2. Setzen Sie sich in Ihrer gewählten Meditationshaltung hin, mit geradem Rücken und erhobenem Kopf. Öffnen Sie Ihre Augen und starren Sie in die Flamme. Versuchen Sie dabei, nicht zu blinzeln.
3. Halten Sie den Blick eine Minute lang. Arbeiten Sie auf 20 Minuten hin. Achten Sie darauf, weder das Gesicht noch die Augenmuskeln zu verkrampfen. Blicken Sie entspannt, aber entschlossen. Wenn Sie mehrere Flammen sehen, wird Ihr Blick unscharf. Beginnen die Augen zu tränen, machen Sie die Übung richtig.
4. Schließen Sie danach die Augen und massieren Sie sanft Ihre Augenlider.
5. Dann die Augen wieder öffnen und einige Male blinzeln. Wenn Sie möchten, können Sie sich auch etwas kaltes Wasser auf die Augen spritzen.

Blick in die Leere: Bhuchari-Mudra

Diese kraftvolle Übung schärft die Konzentration, da sie den Geist von scheinbaren Beschränkungen befreit, uns das „große Ganze“ im Leben erkennen lässt, ein Gefühl des Friedens vermittelt und uns in Würde altern lässt, da sie Vitalität und Ausdauer fördert. Sie kräftigt die Nervenzentren in den Augen und reinigt die Tränenkanäle und Nebenhöhlen. Auf feinstofflicher Ebene wird das Halschakra (das Energiezentrum im Halsbereich) angeregt und ausgeglichen. Brillen- oder Kontaktlinsenträger sollten ihre Sehhilfe abnehmen, bevor sie mit der Übung beginnen.

1. Sitzen Sie gerade und legen Sie den Daumennagel einer Hand in die Kuhle zwischen Nase und Oberlippe. Beugen Sie Zeige-, Mittel- und Ringfinger, sodass sie die Handfläche berühren, und strecken Sie den kleinen Finger aus.
2. Die Augen weit öffnen und die Spitze des kleinen Fingers anstarren. Blinzeln Sie möglichst wenig. Sie sollten sich nicht verkrampft fühlen. Es kann sein, dass Ihre Augen zu tränen anfangen. Machen Sie aber weiter, um Ihre Augen, Tränenkanäle und Nebenhöhlen zu reinigen.
3. Starren Sie 3–5 Minuten lang auf Ihren kleinen Finger. Senken Sie dann Ihre Hand, aber noch nicht Ihren Blick, sondern schauen Sie weiterhin auf den Punkt, wo zuvor noch Ihr kleiner Finger war.
4. Blicken Sie auf diese Weise 15–20 Minuten lang in die Leere. Achten Sie darauf, dass Ihr Kopf aufrecht ist und die Augen nach vorn gerichtet sind und nicht zu schielen beginnen.

Augenbinde

Falls Sie lieber mit geschlossenen Augen meditieren, könnte es Ihnen gefallen, den Sehsinn noch weiter zu verdunkeln, beispielsweise mit einer Augenbinde.

1. Platzieren Sie das Ende einer Verbandsrolle (ca. 10 cm breit) knapp über einem Ohr. Wickeln Sie den Verband dann so um Ihren Kopf, dass er leicht auf Ihrer Stirn und Ihren Augenlidern aufliegt.

2. Die Nasenlöcher nicht bedecken. Ob Sie die Ohren auch verbinden oder nicht, bleibt Ihnen überlassen.
3. Nehmen Sie den Verband nach der Meditation ab, blinzeln Sie und geben Sie Ihren Augen etwas Zeit, um sich wieder an die Helligkeit zu gewöhnen.

HINWEIS: AUCH MITHILFE VON OHRSTÖPSELN KANN MAN SINNESREIZE, WIE ETWA DEN VERKEHRSLÄRM IN DER STADT, BEIM MEDITIEREN AUSBLENDEN.

Innerer Blick: Shambhavi-Mudra

Das Shambhavi-Mudra macht man mit geschlossenen Augen, sodass man die ganze Aufmerksamkeit nach innen richtet. In vielen Yogatexten soll das zur höchsten Stufe der Glückseligkeit führen. Diese Übung erfordert höchste Konzentration und wird am besten dann gemacht, wenn man sich für eine Weile vom Alltag zurückziehen kann.

1. Sitzen Sie in Ihrer gewählten Haltung und atmen Sie ganz ruhig durch die Nase.
2. Richten Sie Ihre Aufmerksamkeit auf die Teile Ihres Körpers, die den Boden berühren: das Gesäß, die Beine und die Füße. Stellen Sie sich vor, wie Wurzeln aus Ihnen tief in die Erde hinunterwachsen und Sie Energie aus der Erde zu sich heraufziehen. Lassen Sie beim Ausatmen negative Energien in die Erde fließen.
3. Wenn Sie dieses Bild vor Augen haben, stellen Sie sich vor, wie aus diesen Wurzeln allmählich eine Pflanze wächst, mit dem Stiel entlang Ihrer Wirbelsäule.
4. Erreicht sie den Punkt hinter Ihren Augen, visualisieren Sie, wie die Pflanze eine Knospe bildet und sich die Blütenblätter langsam entfalten, sodass ein strahlend weißer, tausendblättriger Lotos Form annimmt.
5. Im Inneren der Blume steckt noch ein kleinerer Lotos mit zwölf mehrfarbigen Blütenblättern. Wenn Sie auch diese innere Blume sehen können und nicht nur den äußeren Lotos, soll die Wirkung noch um ein Hundertfaches verstärkt sein.
6. Betrachten Sie die Blume und nehmen Sie wahr, wie sich in ihrem Inneren eine Kugel aus Licht formt. Anfangs ist das weiße oder goldene Licht noch schwach, aber wenn Sie Ihre Aufmerksamkeit bei ihm behalten, werden Sie es gut erkennen. Wenn Sie sich völlig auf das Licht konzentrieren, wird es Ihnen vorkommen, als ob Zeit nicht exisitert. Sie spüren dann tiefen Frieden und das reine Selbst.
7. Visualisieren Sie das Bild so lange es für Sie angenehm ist. Öffnen Sie dann Ihre Augen. Blinzeln Sie und kehren Sie zu Ihrem normalen Bewusstsein zurück.

Vorbereitende Übungen für die Meditation

Bevor Sie mit Ihrer Meditation beginnen, empfiehlt es sich, einige Aufwärmübungen zu machen. Sie können helfen, einige der häufigsten Beschwerden zu lindern – etwa Taubheit oder „Einschlafen" der Beine und Füße sowie Rückenschmerzen. Hier sind zwei Aufwärmsequenzen, die Sie vor jeder Meditation durchführen können.

SEQUENZ 1: AUFWÄRMÜBUNGEN FÜR BEINE UND FÜSSE

In Kapitel drei finden Sie einige Tipps, wie Sie Ihre Beine und Füße durch *regelmäßiges* Üben auf die Sitzmeditation vorbereiten können, während man die folgenden Übungssequenzen *direkt vor* einer Meditation macht. Sie fördern die Durchblutung in den Beinen, verringern das Risiko, dass sie einschlafen, und helfen Ihnen, für eine längere Zeit bequem in Ihrer Sitzhaltung zu verweilen.

Die folgenden Anleitungen betreffen eine Körperseite. Führen Sie die Sequenz bis zum Ende der Babywiege erst an einem, dann am anderen Bein durch. Schließen Sie die Sequenz mit dem gebundenen Winkel ab, wenn Sie auf dem Boden sitzen.

Bein- und Fußmassage

1. Sitzen Sie auf dem Boden oder einem Stuhl. Ein Knie beugen und den Fuß halten.
2. Den Fuß mit festem Druck massieren, erst die Sohle, dann den Knöchel, die Wade und den Oberschenkel hinauf. Massieren Sie mit den Fingern, den Fäusten und dem Handballen, damit Sie den Druck intensiv in den Muskeln spüren, aber massieren Sie nicht so fest, dass es wehtut.

Knöchelkreisen

1. Die Finger einer Hand mit den Zehen des gegenüberliegenden Fußes verschränken.
2. Das Fußgelenk sanft 3–5-mal kreisen, erst in eine, dann in die andere Richtung.

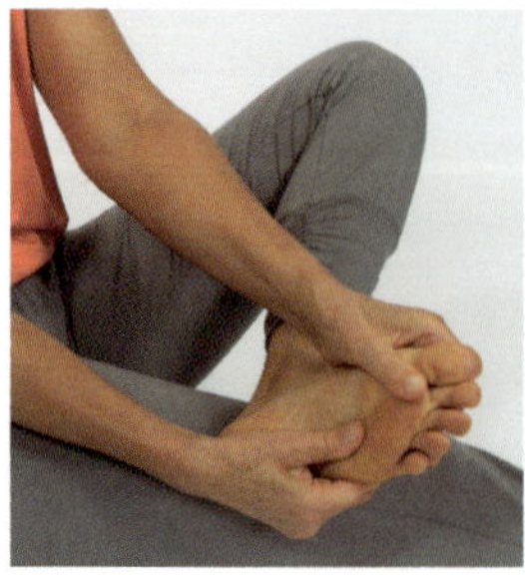

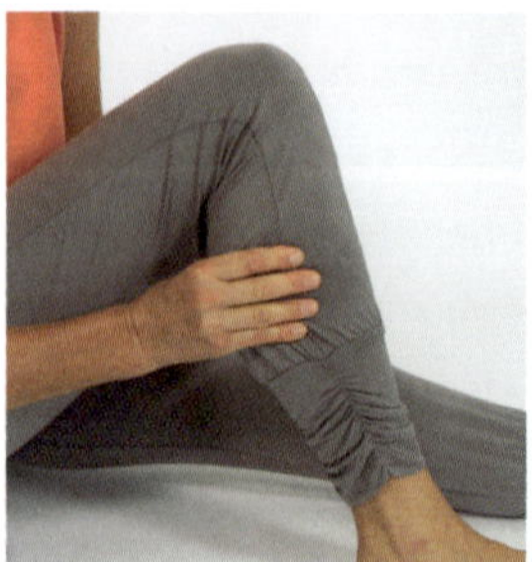

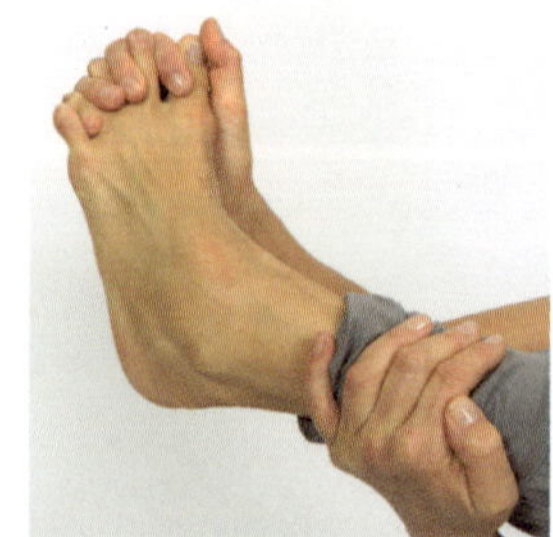

Babywiege

1. Bleiben Sie auf dem Boden oder auf dem Stuhl sitzen. Das Knie beugen und den Fuß anheben.
2. Den Fuß in die Ellenbeuge des gegenüberliegenden Arms legen. Den Oberschenkel mit beiden Armen umfassen und die Finger verschränken. Falls Sie das nicht können, halten Sie den Fuß einfach mit beiden Händen.
3. Aufrecht sitzen und das Bein 8–10-mal wie ein Baby hin und her wiegen. Den Fuß so nah wie möglich an der Brust halten.

DENKEN SIE DARAN, ALLE ÜBUNGEN AUCH AUF DER ANDEREN KÖRPERSEITE DURCHZUFÜHREN, BEVOR SIE ZUM GEBUNDENEN WINKEL ÜBERGEHEN (FALLS SIE AUF DEM BODEN SITZEN).

Gebundener Winkel oder Schustersitz: Baddha-Konãsana

1. Falls Sie auf dem Boden sitzen, winkeln Sie die Beine an und legen Sie die Fußsohlen aneinander.
2. Die Füße mit beiden Händen umfassen und den Rücken so gerade wie möglich halten.
3. Beim Einatmen die Ellbogen nach außen beugen. Beim Ausatmen nach vorn lehnen.
4. Die Oberschenkel und Knie mit den Ellbogen sanft nach unten drücken.
5. Nach 5–10 tiefen Atemzügen können Sie sich wieder aufsetzen.
6. Halten Sie die Füße weiterhin fest und blicken Sie geradeaus. Federn Sie 1-3 Minuten lang leicht mit den Knien. Diese Haltung, die man auch den Schmetterling nennt, fühlt sich befreiend an, weil sie negative Gefühle in eine positivere Einstellung umwandelt. Darüber hinaus entspannt Sie die Hüft- und Oberschenkelmuskeln.

VORSICHT: LASSEN SIE DIESE HALTUNG BEI DEN AUFWÄRMÜBUNGEN AUS, WENN SIE NICHT AUF DEM BODEN SITZEN KÖNNEN, EINE AKUTE KNIEVERLETZUNG HABEN ODER UNTER ISCHIASBESCHWERDEN LEIDEN.

SEQUENZ 2: AUFWÄRMÜBUNG FÜR DEN RÜCKEN

In Kapitel drei finden Sie einige Tipps, wie Sie die verschiedenen Bereiche Ihres Rückens durch *regelmäßiges* Üben für die Sitzmeditation vorbereiten können, während man die folgende Aufwärmsequenz *direkt vor* einer Meditation macht. Sie entspannt die Wirbel und sorgt dafür, dass Sie bequemer still sitzen können.

Katzenhaltung: Mārjāryāsana

1. Im Vierfüßlerstand beginnen. Wenn Sie möchten, können Sie ein gefaltetes Handtuch oder eine Matte unter die Knie legen. Die Knie sollen direkt über den Hüften sein. Handgelenke, Arme und Ellbogen bilden eine senkrechte Linie direkt unter den Schultern. Die Finger auf dem Boden so weit es geht spreizen, sodass die Daumen zueinander zeigen. Den Blick ist nach unten gerichtet und den Rücken befindet sich parallel zum Boden.

2. Machen Sie beim Ausatmen einen Buckel, wie eine fauchende Katze. Wölben Sie langsam den Rücken, beginnend vom Steißbein. Stellen Sie sich vor, dass der Atem durch die Wirbelsäule nach oben strömt und jeder Wirbel nacheinander wieder ausgerichtet wird. Senken Sie zuletzt den Kopf und führen Sie Ihr Kinn zur Brust. Achten Sie darauf, die Hände und Knie nicht zu bewegen und die Ellbogen gestreckt zu lassen.

3. Heben Sie beim Ausatmen die Sitzbeinhöcker und beugen Sie die Wirbelsäule durch, sodass Bauch und Brust nach unten sinken. Die Bewegung beginnt beim

Steißbein und setzt sich Wirbel für Wirbel durch den gesamten Rücken fort. Zuletzt den Kopf heben und leicht nach oben blicken, ohne den Nacken zu stauchen.

4. Wiederholen Sie die Übung 15–20-mal und konzentrieren Sie sich voll auf Ihre Atmung. Machen Sie dann die gestreckte Katze, wenn Sie möchten.

Gestreckte Katze

1. Wenn Sie ausatmen und den Rücken rund machen (Schritt 2 der Katzenhaltung), ziehen Sie den Körper vom Steißbein aus nach hinten, bis Sie auf Ihren Fersen sitzen (oder so nahe an den Fersen, wie es für Sie geht). Bewegen Sie sich langsam und spüren Sie, wie Ihr Atem durch die Wirbelsäule fließt und die Wirbel wieder ausrichtet. Zuletzt senkt sich der Kopf, sodass die Stirn zum Boden zeigt. Die Arme sind gestreckt, aber die Hände und Unterschenkel sind noch immer in der Ausgangsposition.

2. Schieben Sie beim Einatmen den Körper nach vorn, richten Sie sich auf und heben Sie den Brustkorb. Die Fußrücken und Unterschenkel (von den Knien abwärts) bleiben dabei auf dem Boden. Die Ellbogen bleiben leicht gebeugt und an den Seiten, während der Bauch möglichst nah am Boden sein soll, damit der obere Rücken gut nach hinten durchgebeugt wird.

3. Wiederholen Sie die Schritte 1 und 2 nun 5–8-mal und konzentrieren Sie sich dabei voll auf Ihre Atmung, bevor Sie wieder eine neutrale Stellung einnehmen und sich schließlich in Ihre gewählte Meditationshaltung begeben.

Hilfsmittel für ein stabiles Fundament

Wie bereits erwähnt, ist es wichtig, dass Sie beim Meditieren mit geradem Rücken und einer möglichst senkrechten Wirbelsäule sitzen und dass sich die Hüften etwas höher als die Knie befinden. Auf den folgenden Seiten stelle ich Ihnen einige Hilfsmittel vor, die Ihnen ein bequemeres Sitzen ermöglichen können. Da nicht jeder Körper gleich ist, probieren Sie am besten mehrere Methoden aus, um die für Sie passende zu finden.

GEPOLSTERT SITZEN

Um nicht zu viel Druck auf die Füße, Knöchel und Knie auszuüben, sollten Sie nicht direkt auf einem harten Boden sitzen, sondern auf einem Teppich, einer Matte oder einer gefalteten Decke, die Sie unter sich legen.

Praktizierende des Yoga können ihre Yogamatten nutzen – am besten in Dritteln gefaltet. In der Zen-Tradition empfiehlt man das Zabuton – ein flaches, quadratisches japanisches Sitzkissen für die Verwendung unter einem Meditationskissen oder -hocker.

LEICHT ERHÖHT SITZEN

Um die richtige Haltung einnehmen zu können, also den Rücken gerade halten und die Knie tiefer als die Hüften positionieren, müssen Sie vielleicht mit dem Gesäß etwas höher sitzen, etwa auf einem Kissen und/oder einem Yogablock (oder mehreren Blöcken).

Das muss Ihnen nicht peinlich oder unangenehm sein. Viele Menschen brauchen ein wenig Unterstützung, um bequem meditieren zu können. Mit einem Kissen oder Yogablock fühlt sich der Körper gleich viel angenehmer und stabiler an.

Wenn Sie im Schneidersitz auf einem Kissen sitzen, sollte Ihr Gesäß auf dem vorderen Rand platziert sein und die Beine davor gekreuzt werden – sodass die Knie den Boden berühren und das Becken leicht nach vorn kippt.

Deko- oder Sofakissen eignen sich nicht so gut, weil sie beim Sitzen platt gedrückt werden und dann nicht mehr genug Höhe oder Stütze bieten. Besorgen Sie sich lieber ein spezielles Meditationskissen oder einen Yogablock – die Auswahl ist groß.

Höhe

Meditationskissen sind in der Regel zwischen 5 und 23 Zentimeter hoch. Oft machen schon wenige Zentimeter einen Unterschied, ob Sie angenehm meditieren oder ob Ihre Füße beim Sitzen einschlafen und der Rücken schmerzt. Probieren Sie verschiedene Höhen aus, um das perfekte Kissen für Ihre Bedürfnisse zu finden.

Form

Verschiedene Formen haben unterschiedliche Vorteile – und unterstützen verschiedene Haltungen. Am besten experimentieren Sie mit den folgenden Möglichkeiten:

- **Yogablöcke** bestehen aus Kork, Holz oder Kunststoff und bieten zusätzliche Höhe im Schneidersitz oder beim Knien. Man kann auch die Füße daraufstellen, wenn man auf einem Stuhl sitzt. Die Blöcke sind stapelbar, sodass Sie sich aus mehreren von ihnen für jeden Zweck die perfekte Sitzlösung für Ihre Bedürfnisse zusammenstellen können.

- **Halbmondkissen** bieten Ihnen viel Platz für Hüften und Beine und eignen sich besonders für alle, die gern im Schneidersitz, im Sitz der Weisen, im halben Lotossitz oder im Lotossitz meditieren (siehe Seiten 42–45).

- **Rundkissen mit schräger Seitenfläche,** auch *Zafu* genannt, sind die traditionellen Kissen für die Zen-Meditation, die oft im Knien praktiziert wird. Wenn Sie auch so meditieren möchten, lohnt es sich, es mit so einem Kissen zu versuchen. Falls Sie den burmesischen Sitz (siehe Seite 43) bevorzugen, sitzen Sie einfach am Rand des Kissens, sodass Ihre Knie bequem am Boden aufliegen.

- **Rundkissen mit senkrechter Seitenfläche** geben weniger nach und sind ideal, wenn man einen höheren oder festeren Sitz braucht. Sie stützen den Körper in jeder Position mit gekreuzten Beinen und beim Knien.

- **Yoga-Bolster** sind längliche Kissen, die eine ähnliche Füllung wie Meditationskissen haben und daher fester als ein längliches Sofakissen sind. Wenn Sie gern im Knien meditieren, ist ein Bolster gut geeignet, um den Rücken gerade zu halten, etwa im Heldensitz (siehe Seite 46).

Füllung

Neben der Höhe und der Form des Meditationskissen spielt auch die Art der Füllung eine wichtige Rolle bei der Auswahl des passenden Produkts.

Heute sind die meisten Meditationskissen mit Buchweizenspreu gefüllt, da sich solche leicht an die Form des Körpers anpassen, aber dennoch gut stützen.

Meditierende, die gern höher und/oder länger sitzen, greifen oft zu Kissen mit einer Füllung aus Kapok, einer Naturfaser aus den Schoten des Kapokbaumes. Diese seidige und strapazierfähige Faser wird im Fernen Osten seit Jahrhunderten als Füllung für Meditationskissen genutzt. Kapokkissen sind in der Regel härter, stabiler und weniger formbar als Buchweizenkissen, werden mit der Zeit aber zusammengedrückt, sodass man hin und wieder etwas Füllung nachstopfen muss.

Auch Wolle findet sich häufig in Meditationskissen, da sie nicht verklumpt, lange hält und im Gegensatz zu Buchweizen und Kapok federleicht ist. Kissen und Matten aus Wolle fühlen sich angenehm an, fördern die Durchblutung und sind hervorragende Energieleiter. Der Nachteil ist, dass sie weicher sind als Kapok, also weniger stabil.

Es gibt auch preiswerte Kissen, die mit Baumwolle oder Watte aus Polyester gefüllt sind. Sie sind aber meist schnell plattgesessen und müssen oft ausgetauscht werden.

Auf Reisen verwenden manche Meditierende auch aufblasbare Kissen aus Plastik, die jedoch nicht sehr bequem sind und keine gute Stütze bieten.

MEDITATIONSBANK

Die Zen-Meditationsbank, die man auch *Seiza*-Bank nennt, soll dabei helfen, die Wirbelsäule gerade zu halten und das Gewicht des Oberkörpers auf sich zu nehmen. Auch die Fußgelenke werden geschont, da sie unter der Bank ruhen, ohne dass Druck auf ihnen lastet. Zwar ist dieses Hilfsmittel ein sehr spezifisches Möbelstück, aber die Anschaffung kann sich lohnen, wenn Sie die Meditation langfristig und ernsthaft betreiben möchten, aber längeres Sitzen oder Knien auf dem Boden für Sie zu unangenehm ist. Auf Seite 47 erfahren Sie, wie man diese Bank benutzt.

KNIE UND FUSSGELENKE STÜTZEN

Falls Sie aufgrund einer Knieverletzung oder mangelnder Flexibilität in den Hüften nicht wirklich bequem im Schneidersitz meditieren können, hilft es Ihnen vielleicht, die Knie extra zu stützen. Zum Beispiel können Sie unter jedes Knie ein separates Kissen oder ein zusammengerolltes Handtuch legen, während Sie auf Ihrem Meditationskissen sitzen. Die Beine sind vor Ihnen gekreuzt und werden sich so entspannter fühlen.

Sollten Ihre Beine während des Meditierens immer wieder einschlafen (was besonders häufig bei Menschen mit ausgeprägten Wadenmuskeln vorkommt), legen Sie ein zusammengerolltes Gästehandtuch oder Geschirrtuch hinter jedes Knie. Dadurch wird der Beugewinkel der Knie etwas größer, was das Sitzen erleichtert.

Falls Sie das Gefühl haben, dass Ihre Knöchel beim Sitzen mit gekreuzten Beinen unangenehm aufeinandergedrückt werden, legen Sie ein kleines Handtuch oder ein Geschirrtuch als Polsterung dazwischen. Sie können auch ein zusammengerolltes Tuch unter jedes Fußgelenk legen. Abschließend empfehle ich Ihnen, verschiedene Beinpositionen auszuprobieren, um herauszufinden, an welcher Stelle Sie die Beine am bequemsten überkreuzen können. Manche Menschen finden es beispielsweise angenehmer, die Beine an den Fußgelenken zu überkreuzen statt im Bereich der Unterschenkel.

3
DEHN- UND YOGA-ÜBUNGEN, DIE DEN KÖRPER AUF DIE MEDITATION VORBEREITEN

„Durch das Verringern des natürlichen Drangs (nach Bewegung) des Körpers und das Konzentrieren des Geistes auf das Unendliche, wird die Meditationshaltung gemeistert.“
Patanjali, *Das Yogasutra*, 2.47

„Die Ãsanas sollen geübt werden, um eine stabile Haltung, gute Gesundheit und körperliche Leichtigkeit zu erlangen.“
Swãtmãrãma, *Hatha Yoga Pradípikã*, 1.17

Den Körper auf die Meditation vorbereiten:

EINE EINFÜHRUNG

In jahrelanger Lehrpraxis fand ich heraus, dass die meisten Menschen, die zwar regelmäßig meditieren *wollen*, es aber nicht *tun*, es deswegen nicht machen, weil das Sitzen für sie so unbequem ist. Darum zeige ich Ihnen in diesem Kapitel einige Dehn- und Yogaübungen, die Sie körperlich auf die Meditation vorbereiten, damit Sie leichter sitzen.

Die Yogapositionen, die im Sanskrit *Āsanas* genannt werden, entstammen der Idee, ganz im Moment präsent und fest im Körper verankert zu sein. Sie entwickeln auch unsere geistigen Fähigkeiten, erweitern unser Bewusstsein und helfen uns, regelmäßig zu meditieren. Mehr Gesundheit und Fitness sind angenehme Nebeneffekte, aber das wahre Ziel des Yoga ist es, durch Meditation inneren Frieden zu erlangen.

Das Üben der Yogastellungen kann schon für sich allein eine meditative Handlung sein, vor allem, wenn Sie sich immer wieder auf Ihre Atmung konzentrieren und im gegenwärtigen Moment präsent bleiben. Wenn Sie Dehn- oder Yogaübungen machen, sollten Sie sich am besten langsam und präzise bewegen, da schnelle Bewegungen zur Laktatbildung in den Muskeln führen, wodurch Sie sich müde und verkrampft fühlen. Gelangt jedoch mehr Sauerstoff in die Zellen, wird diese Säure neutralisiert. Das ist einer der Gründe, warum das bewusste Atmen beim Yoga so eine große Rolle spielt. Im nächsten Kapitel werden wir noch genauer auf die Atmung beim Meditieren eingehen.

Bei jeder Stellung wird Druck auf bestimmte Punkte des Körpers ausgeübt, wie auch bei der Akupunktur oder beim Shiatsu. Während Sie die Stellung halten, atmen Sie tief in sie hinein. Nehmen Sie Spannungen wahr und „atmen" Sie sie bewusst aus dem Körper hinaus. Mit der Zeit werden Sie lernen, Ihren Körper mithilfe Ihres Geistes zu kontrollieren, wobei die Atmung Ihr Werkzeug ist.

Die Yogaübungen verbrauchen im Gegensatz zu anderen Arten der körperlichen Betätigung keine Energie, sondern wirken belebend und anregend. Das liegt daran, dass die Spannung in den Muskeln dabei gelöst wird. Mit etwas Übung können Sie mit Yoga auch energetische Blockaden lösen und stagnierende Energien wieder in Fluss bringen.

Yogaübungen sind aber nicht nur gut für Muskeln und Gelenke, sie massieren auch die inneren Organe, regen den Kreislauf an und verbessern die Atmung. Sie stabilisieren und fokussieren außerdem den Geist und bereiten ihn auf die Meditation vor.

Um den maximalen Nutzen aus Ihrer Meditation zu ziehen, sollten Sie die Praktiken in diesem Kapitel in Ihrem eigenen Tempo ausprobieren und herausfinden, welche am besten zu Ihren Bedürfnissen, zu Ihrer Beweglichkeit und zu Ihren vorherigen sportlichen

EINIGE ALLGEMEINE TIPPS ZU DEN ĀSANAS

- Bevor Sie beginnen, schließen Sie kurz Ihre Augen und atmen Sie tief und mit vollem Bewusstsein.
- Wärmen Sie sich sanft auf, bevor Sie anfangen, vor allem, wenn Sie morgens üben, wo der Körper meist noch etwas unbeweglicher ist. Machen Sie die Hände locker und schütteln Sie sie aus dem Handgelenk aus. Kreisen Sie die Schultern, erst von hinten nach vorn, dann in die andere Richtung.
- Lesen Sie die Anleitung gut durch, bevor Sie eine Stellung einnehmen, damit Sie auch verstehen, wie die Übung richtig gemacht wird.
- Strecken Sie Ihren Körper erst in eine, dann in die andere Seite.
- Halten Sie sich nicht zurück, um Energie zu sparen. Je mehr Energie Sie großzügig in die Übung fließen lassen, desto mehr haben Sie davon.
- Vergleichen Sie sich nicht mit anderen. Praktizieren Sie so, wie es für Sie möglich und angenehm ist. Ihre eigenen Erfahrungen sind individuell und unterscheiden sich von denen anderer Menschen.
- Nehmen Sie jede Stellung langsam, allmählich und mit Bedacht ein. Nehmen Sie jede Bewegung ganz bewusst wahr.
- Zwingen Sie sich nicht in die Positionen. Bewegen Sie sich stets achtsam.
- Machen Sie jede Übung anfangs nur kurz und wenn Sie mit der Zeit merken, dass sie Ihnen guttut, können Sie die Dauer allmählich verlängern.
- Fordern Sie sich ein wenig, aber hören Sie auf, bevor Sie Schmerzen verspüren.
- Atmen Sie tief, während Sie die Stellung halten und entspannen Sie in ihr.
- Spüren Sie bewusst in Ihren Körper hinein, während Sie die Position halten. Wenn sich ein Bereich unangenehm anfühlt, „atmen" Sie das Gefühl hinaus.
- Für die meisten der Übungen in diesem Kapitel gebe ich an, wie viele tiefe Atemzüge gemacht werden sollen, während man die Position hält. Das geht leichter, als nebenbei auf die Uhr zu schauen oder die Zeit zu stoppen.
- Haben Sie viel Freude beim Üben!

Aktivitäten passen. Wahrscheinlich werden Sie feststellen, dass bestimmte Übungen in verschiedenen Phasen Ihrer Praxis am besten funktionieren – darum ist eine gewisse Regelmäßigkeit unerlässlich. Nur durch *regelmäßiges* Üben der von Ihnen ausgewählten Dehnungen und Yogastellungen, werden Sie auch ihren Nutzen spüren.

Übungen bei Nackenbeschwerden

Heutzutage leiden viele Menschen unter einer Fehlhaltung, bei der Kopf und Hals nach vorn gebeugt sind und die man auch „Handynacken" oder „Geierhals" nennt. Dabei befindet sich der Kopf vor den Schultern – die typische Position, wenn man lange Zeit am Computer sitzt oder nach unten auf das Handy blickt.

Aufgrund dieser vorgestreckten Kopfhaltung werden unsere Nacken- und Rückenmuskeln stark strapaziert, um den Kopf aufrecht zu halten. Das ist eine ordentliche Belastung, wenn man bedenkt, dass der menschliche Kopf ungefähr sechs Kilo wiegt.

Bei der idealen Kopfhaltung befinden sich die Ohren direkt über den Schultern und diese wiederum auf einer Linie mit den Hüften, wenn man steht. Mit allen drei Zentimetern, die der Kopf nach vorne gestreckt wird, verdoppelt sich die Belastung, die von den Muskeln und Bändern im Nacken ausgehalten werden muss. Auch auf die Wirbel wird mehr Druck ausgeübt, was zu einer übermäßigen Abnutzung der Bandscheiben führen kann.

Wenn wir auf ein Tablet oder Handy blicken, runden wir die Schultern und ziehen das Kinn nach unten. Befinden wir uns lang in dieser Haltung, geht die natürliche Krümmung der oberen Wirbelsäule verloren, was den Nacken zusätzlich belastet. Es kommt zu Rückenschmerzen und falscher Atmung. Versuchen wir dann, bei der Meditation in einer normalen Haltung zu sitzen, machen sich diese Beschwerden stark bemerkbar.

Fall *Sie* also – wie viele Menschen – merken, dass Ihr Nacken oder Rücken wehtut, wenn Sie meditieren, und/oder Sie dabei immer auf den Boden schauen, weil Ihr Kopf automatisch nach vorn fällt, können Ihnen die folgenden Übungen helfen.

Machen Sie die Übungen im Sitzen, Knien oder Stehen, sofern nicht anders angegeben. Wenn Sie viel Zeit am Computer, Tablet oder Smartphone verbringen, empfehle ich Ihnen, viele von ihnen täglich zu praktizieren.

Bollywood-Kopfwackeln

Das ist eine einfache Methode, um die Muskeln im Hals- und Nackenbereich aufzulockern. Wackeln Sie 10–15 Sekunden lang mit dem Kopf hin und her – als spielten Sie in einem Bollywood-Film mit! Wenn Sie jeden Tag am Computer arbeiten, sollten Sie jede Stunde einmal von der Tastatur hochschauen und diese Übung machen.

Kopfnicken: „Ja"

Eine weitere simple Möglichkeit, wie Sie Verspannungen im Nacken vermeiden können, ist sanftes Kopfnicken. Einfach die Hände hin und wieder von den Tasten nehmen und die folgenden Schritte *mit einem Lächeln* machen.

1. Den Kopf 5–10-mal sanft auf und ab bewegen, als ob Sie zustimmend nicken.
2. Weiter nicken und den Kopf langsam nach rechts drehen, ohne den Brustkorb oder die Schultern zu bewegen, bis Sie über die rechte Schulter blicken. Dabei hören Sie nicht auf zu nicken.
3. Den Kopf wieder zur Mitte drehen und auch dabei weiter nicken. Dann den Kopf nickend zur linken Seite drehen und anschließend zur Mitte.
4. Wiederholen Sie das auf jeder Seite 2–3-mal.

Kopfschütteln: „Nein"

Auf das nickende „Ja" folgt nun das „Nein" – um die Beweglichkeit Ihrer Halswirbelsäule in allen Richtungen zu verbessern.

1. Drehen Sie den Kopf hin und her, als ob Sie „Nein" sagen wollten. Achten Sie darauf, dass der Kopf aufrecht bleibt und das Kinn parallel zum Boden steht.
2. Während Sie den Kopf schütteln, legen Sie ihn langsam in den Nacken, um zur Decke zu blicken. Senken Sie ihn dann und schauen Sie auf den Boden.
3. Wiederholen Sie die Auf- und Abbewegung 2–3-mal und schließen Sie mit dem Kinn auf der V-förmigen Grube zwischen Ihren Schlüsselbeinen, bevor Sie den Kopf wieder in eine neutrale Position bringen.

KOPF UND NACKEN BEACHTEN MIT DEM SCHAL-TRICK

Um sich die Haltung von Nacken und Kopf während des Meditierens besser bewusst zu machen, wickeln Sie sich einen Schal locker um den Hals. Sollte Ihr Kopf dann während der Meditation nach vorn fallen, spüren Sie den Schal am Kinn und werden daran erinnert, den Kopf wieder auszurichten, sodass sich das Kinn parallel zum Boden befindet und die Ohren auf einer Linie mit den Schultern liegen. Diese Bewegung sollte sich anfühlen, als ob Sie Ihren Kopf zum Himmel hochheben würden.

Schlüsselbein-Halbmond

Die sanfte, fließende Bewegung dieser dritten Übung für den Nacken kann Wunder wirken, wenn es darum geht, Verspannungen im Oberkörper zu lösen.

1. Bringen Sie Ihr Kinn so nah wie möglich an die V-förmige Grube zwischen Ihren Schlüsselbeinen. Die Schultern bleiben aufrecht und werden nicht gerundet.
2. Das Kinn sanft nach links, dann nach rechts drehen und in einer halbmondförmigen Bewegung über die Schlüsselbeine ziehen.
3. Auf jeder Seite 2–3-mal wiederholen, bevor Sie den Kopf zur Mitte bringen.

Kopf vor und zurück

Viele Menschen knirschen mit den Zähnen, besonders im Schlaf, wodurch sich die Kiefer- und Halsmuskulatur verspannt. Diese sanfte Übung verschafft Erleichterung.

1. Halten Sie den Rücken gerade und senken Sie das Kinn nach unten, sodass es das Brustbein berührt (oder fast berührt). Atmen Sie in den Nacken und lassen Sie die Hals- und Kiefermuskeln entspannen. Bleiben Sie 2–3 Atemzüge in dieser Position und achten Sie darauf, dass die Schultern nicht nach vorn fallen. Schauen Sie, ob das Gewicht des Kopfs die Verspannungen im Nacken lösen kann.
2. Heben Sie das Kinn und lehnen Sie den Kopf ganz langsam nach hinten, so weit es angenehm ist. Schließen Sie den Mund. Die Schneidezähne sollen aneinanderliegen. Machen Sie in dieser Haltung 2–3 Atemzüge.
3. Wiederholen Sie diese Vor-Zurück-Bewegung 3–4-mal. Wenn Sie den Kopf zum letzten Mal in den Nacken legen, machen Sie den Mund weit auf und gähnen Sie ganz tief, um Verspannungen im Halsbereich zu lösen. Bringen Sie den Kopf anschließend in eine neutrale Position.

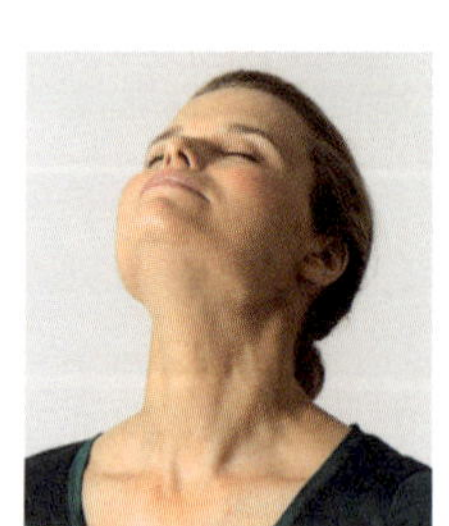

VARIANTE: SPITZEN SIE DIE LIPPEN, WÄHREND DER KOPF IM NACKEN LIEGT. STELLEN SIE SICH VOR, SIE „KÜSSTEN DEN HIMMEL“. GEBEN SIE 4–5 KÜSSE, UM DAS LÖSEN VON VERSPANNUNGEN IM HALSBEREICH NOCH ZU VERSTÄRKEN.

Ohr zur Seite

Diese Dehnung ist besonders angenehm, wenn Sie einen steifen oder stark verspannten Nacken haben. Spüren Sie, wie sich der ganze Hals in die Länge zieht und zwischen den Wirbeln in diesem Bereich mehr Platz entsteht.

1. Halten Sie den Kopf aufrecht. Die Ohren befinden sich direkt über den Schultern und der Scheitel zeigt nach oben.
2. Das linke Ohr zur linken Schulter senken, ohne den Kopf zu verdrehen. Dabei wird die rechte Halsseite gedehnt. Achten Sie darauf, dass Ihre Schultern sich nicht nach oben bewegen.
3. Mit der linken Hand über den Kopf fassen und das rechte Ohr bedecken (oder sie so nahe es für Sie geht ans Ohr legen). In die rechte Halsseite atmen und die Position 2–3 Atemzüge lang halten, während Sie sich vorstellen, wie die Halswirbelsäule lang wird und die Muskeln um sie herum entspannen.
4. Dann die Seiten wechseln und das rechte Ohr zur rechten Schulter ziehen.

Schulterblätter lockern

Wenn Sie beim Meditieren oder in anderen Situationen unter Beschwerden im Nacken, oberen Rücken und/oder im Bereich der Schulterblätter leiden, sind vielleicht Ihre *Musculi levator scapulae* verspannt – die Muskeln, die Ihre Schulterblätter heben. Wenn Sie lange am Schreibtisch arbeiten, verhärten sie immer mehr, aber mit regelmäßigen Dehnübungen, wie der folgenden, können Sie die Verspannungen lösen.

1. Den rechten Arm beugen und den rechten Unterarm auf Taillenhöhe auf den Rücken legen.
2. Den Kopf etwas nach links drehen und das Kinn zur linken Achsel senken.
3. Bleiben Sie 3–5 tiefe Atemzüge lang in dieser Haltung und achten Sie darauf, die Schultern dabei nicht anzuheben.
4. Den Kopf zur Mitte bringen und die Übung in die andere Seite machen.
5. Wiederholen Sie alles auf jeder Seite 2–3-mal.

Halber Drehsitz: Ardha-Matsyendrãsana

Diese einfache Drehhaltung aus dem Yoga löst Verspannungen in der Halswirbelsäule, also in den obersten sieben Wirbeln, die den Nackenbereich bilden.

1. Setzen Sie sich auf den Boden und strecken Sie die Beine vor sich aus. Das rechte Knie beugen und den Fuß an die Außenseite des linken Knies stellen.
2. Die linke Hand auf das rechte Knie oder den Oberschenkel legen und den Brustkorb, die Schultern und den Kopf so weit wie möglich nach rechts drehen.
3. Die rechte Hand hinter dem Rücken auf den Boden legen und die rechte Schulter nach oben, hinten und unten ziehen, um die maximale Drehung zu erreichen. Die Wirbelsäule soll dabei senkrecht sein, damit Sie drehen und nicht lehnen. Halten Sie die Position 2–3 Atemzüge lang.
4. Den Brustkorb und die Schultern stillhalten. Drehen Sie den Kopf, um so weit wie möglich über die linke Schulter zu blicken. Dann in die andere Richtung drehen und über die rechte Schulter schauen. Wiederholen Sie diese Kopfbewegungen in jede Richtung 3–4-mal. Das Kinn dabei immer parallel zum Boden halten.
5. Bringen Sie Ihren Körper wieder in eine neutrale Position, sodass Sie nach vorn blicken und beide Beine vor Ihnen ausgestreckt sind. Die Drehung dann in die andere Richtung machen.

VARIANTE: DIESE ÜBUNG KANN AUCH AUF EINEM STUHL SITZEND AUSGEFÜHRT WERDEN. HALTEN SIE SICH DABEI MIT DER NÄCHSTGELEGENEN HAND AN DER RÜCKENLEHNE FEST, WÄHREND SIE DIE KOPFDREHUNG MACHEN.

Hals und Nacken stärken

Die Muskeln im Hals- und Nackenbereich sollten Sie nicht nur *dehnen*, um Verspannungen zu lösen, sondern auch *stärken*, damit sie Ihren Kopf besser stützen und ihn während des Meditierens leichter aufrecht halten können.

1. Legen Sie die linke Hand flach auf die linke Kopfseite. Drücken Sie mit der Hand und halten Sie mit dem Kopf dagegen – 2–3 Atemzüge lang. Wiederholen Sie die Bewegung mit der rechten Hand auf der rechten Seite.
2. Legen Sie dann eine Handfläche auf die Stirn. Drücken Sie und halten Sie mit dem Kopf 2–3 Atemzüge lang dagegen. Dann loslassen und einmal tief durchatmen.
3. Die Finger hinter dem Kopf verschränken. Mit den Händen drücken und mit dem Kopf 2–3 Atemzüge lang dagegenhalten. Dann wieder loslassen.

Kiefer entspannen

Diese Übung ist hilfreich, wenn Ihr Kiefer verspannt ist, vor allem wenn Sie im Schlaf mit den Zähnen knirschen. Die sanfte Bewegung lockert nicht nur die Muskeln in diesem Bereich, sondern trainiert sie auch, damit sie während des Meditierens entspannt bleiben.

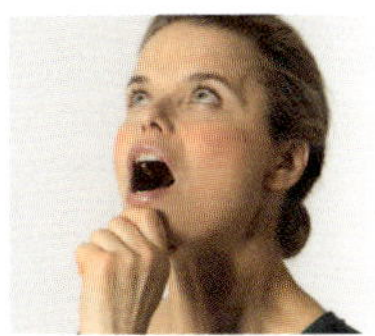

1. Legen Sie die Zungenspitze hinter die oberen Schneidezähne und drücken Sie leicht gegen den Gaumen. Atmen Sie tief durch die Nase ein und aus. Der Mund bleibt dabei geschlossen.
2. Halten Sie das Kinn mit einer Hand fest und legen Sie die andere Hand unter den Ellbogen – um den Unterkiefer ruhig zu halten. Entspannen Sie die Lippen und öffnen Sie den Mund, indem Sie den Oberkiefer heben. Dabei wird sich Ihr Kopf wahrscheinlich in den Nacken legen. Schließen Sie den Mund, indem Sie den Oberkiefer wieder auf den Unterkiefer senken. Wiederholen Sie das Öffnen und Schließen des Mundes 2–3-mal.
3. Halten Sie immer noch das Kinn. Heben Sie den Oberkiefer erneut und lassen Sie den Kopf mit winzigen Bewegungen nach links und rechts kippen. Spüren Sie dabei, wie sich die Spannung im Kiefer und in den obersten Wirbeln löst.

Kinn zur Brust

Machen Sie diese Übung am besten direkt vor der Meditation, da sie Ihre Halswirbelsäule korrekt ausrichtet. Sie ist besonders hilfreich, wenn Ihnen der Kopf während des Meditierens oft nach vorn fällt.

1. Sitzen Sie in Ihrer gewählten Haltung. Den Bauch leicht einziehen. Zwei Finger auf das Kinn legen und den Kopf behutsam nach hinten drücken, so weit es für Sie angenehm ist. Achten Sie darauf, dass er waagerecht nach hinten gleitet und nicht schräg nach hinten kippt. Halten Sie das Kinn parallel zum Boden und heben Sie es nicht an. Die optimale Endposition der Ohren ist direkt über den Schultern. Anfangs kann sich das komisch anfühlen, so als ob man ein Doppelkinn macht.
2. Halten Sie den Blick gerade nach vorn gerichtet und das Gesicht entspannt. Nur der Kopf und der Hals bewegen sich – lehnen Sie sich nicht nach hinten. Spüren Sie, wie der Nacken lang wird und der Scheitel nach oben zieht.
3. Bleiben Sie in dieser Position, bis Sie sich bereit für Ihre Meditation fühlen.

Löwenhaltung: Simhãsana

Diese klassische Yogahaltung löst Verspannungen im Hals, im Gesicht und im Augenbereich. Besonders wohltuend ist sie, wenn man sie frühmorgens macht und dabei die aufgehende Sonne vor sich hat.

1. Knien Sie sich hin. Die Hände ruhen auf den Oberschenkeln. Atmen Sie tief ein.
2. Sind Sie bereit, auszuatmen, öffnen Sie den Mund, strecken Sie die Zunge möglichst weit heraus und stoßen Sie die Luft in Ihren Lungen mit einem langen „Ahhh“ kraftvoll aus. Schnellen Sie gleichzeitig nach vorn, wie ein Löwe, der sich auf seine Beute stürzt, indem Sie Ihr Gesäß anheben, die Arme durchstrecken, den Körper starr machen und die Finger auf den Oberschenkeln zu „Klauen“ spreizen. Die Unterschenkel bleiben jedoch auf dem Boden.
3. Die Augen weit aufreißen und auf die Zungenspitze blicken.
4. Halten Sie die Position nach dem Ausatmen so lange es für Sie angenehm ist. Setzen Sie sich dann wieder auf Ihre Fersen, entspannen Sie und atmen Sie einige Augenblicke lang ganz normal.
5. Wiederholen Sie die Übung 2–5-mal.

Übungen bei hängenden Schultern und Verspannungen im oberen Rücken

Heutzutage haben viele Menschen hängende oder vorgezogene Schultern, da sie so viel Zeit vor einem Computer oder hinter dem Lenkrad verbringen. Wenn sich die Schultern weiter vorn als normal befinden, wird der obere Rücken strapaziert und gerundet. Auch der Kopf wird nach vorn gezogen. In schlimmen Fällen kann daraus ein Rundrücken werden, auch Witwenbuckel oder Hyperkyphose genannt.

Selbst wenn Sie täglich Yoga praktizieren oder jede Woche stundenlang Gewichte stemmen, am Ende sitzen Sie bei der Arbeit vielleicht noch mehr Stunden über den Schreibtisch oder Laptop gebeugt. Hängende Schultern und ein verspannter oberer Rücken entstehen, weil die Rückenmuskulatur überdehnt und geschwächt wird, während die Brustmuskeln immer kürzer und verhärteter werden.

Auch das Schlafen auf zu weichen Matratzen kann diese Haltung verschlimmern. Eine mittelfeste bis harte Matratze ist in der Regel die beste Wahl für Menschen, die Schmerzen im oberen Rücken haben – also für rund 20 Prozent der Weltbevölkerung.

Hängende Schultern und ein Rundrücken führen nicht nur zu Beschwerden und sehen unschön aus, sie erschweren auch das bequeme Sitzen bei der Meditation.

Die Übungen auf den folgenden Seiten verbessern die Mobilität im Bereich des Brustkorbs (bestehend aus den 12 Brustwirbeln, von denen die Rippen ausgehen) und sollen ihn kräftigen, damit Sie Ihre Körperhaltung verbessern und ohne Beschwerden im Sitzen meditieren können.

Schulterkreisen

Diese einfache Übung sollten Sie regelmäßig machen, etwa wenn Sie vor dem Computer sitzen, um Verspannungen im oberen Rücken zu lösen.

1. Setzen oder knien Sie sich hin. Legen Sie die Hände fest auf die Oberschenkel. Die Finger sind entspannt oder leicht gespreizt.
2. Atmen Sie ein, ohne die Hände zu bewegen, und ziehen Sie dabei eine Schulter zu Ihrem Ohr hoch. Atmen Sie aus und kreisen Sie die Schulter nach hinten, weg vom Ohr. Ändern Sie nach 5–10 Runden die Richtung und kreisen Sie die Schulter 5–10-mal nach vorn.
3. Wiederholen Sie die Übung mit der anderen Schulter.

Armdehnung

Diese Übungen dehnen die Arme in verschiedene Richtungen, um Verspannungen in den Schultern und im oberen Rücken zu lösen. Falls die Bewegungen Sie auch zum Gähnen anregen, würde die entspannende Wirkung dadurch noch verstärkt.

Nach vorn: Die Finger vor der Brust ineinander verschränken. Die Hände so drehen, dass die Handflächen nach außen zeigen. Zum Dehnen die Arme nach vorn ausstrecken und die Hände vom Körper wegdrücken. Achten Sie darauf, den Oberkörper dabei nicht nach vorn zu neigen.

Nach oben: Die Finger verschränkt lassen und die Arme über den Kopf, am besten bis hinter die Ohren bringen, wenn Sie das schaffen. Die Handflächen Richtung Decke drücken. Lassen Sie den Kopf aber nicht nach vorn fallen.

Hinter den Rücken: Die Hände lösen und hinter den Rücken führen. Dort die Finger wieder verschränken und die Schulterblätter ein Stück zusammenziehen. Den Kopf aufrecht halten und die Arme so weit wie möglich nach oben heben, ohne den Körper nach vorn zu neigen. Halten Sie die Position einige Atemzüge lang. Wechseln Sie dann den Griff, sodass der andere Daumen oben ist, und wiederholen Sie die Dehnung.

Schulterdehnung

Diese einfache Dehnübung löst Verspannungen, die durch langes gebeugtes Sitzen an einem Schreibtisch, Computer oder anderem Arbeitsplatz entstehen. Außerdem bereitet Sie die Arme und Schultern auf das Meditieren vor.

1. Heben Sie den linken Arm vor die Brust und beugen Sie ihn so, dass die Finger nach oben zeigen. Die rechte Hand unter den linken Ellbogen führen und den linken Oberarm vor die Brust ziehen. Halten Sie den linken Arm nah am Körper.
2. Die Position 3–5 Atemzüge lang halten und die Arme dann lösen. Die Übung 2–3-mal wiederholen.
3. Die Übung auf der anderen Seite 2–3-mal machen.

Umarmung

Diese Übung machen Sie am besten direkt nach der Schulterdehnung, um die Mobilität Ihres oberen Rückens und Schulterbereichs noch weiter zu verbessern.

1. Den rechten Arm über den Oberkörper legen und mit der rechten Hand an die Außenseite der linken Schulter fassen. Nun den linken Ellbogen unter den rechten führen und mit der linken Hand die rechte Schulter halten – als würden Sie sich umarmen. Die Ellbogen sollen sich übereinander befinden.
2. Die Ellbogen zusammenhalten und so hoch wie möglich heben. Dann wieder senken.
3. Machen Sie die Übung 3–5-mal. Anschließend lösen und die Arme und Schultern ausschütteln.
4. Die Übung wiederholen, aber diesmal ist der linke Ellbogen über dem rechten.

Ellbogen auf dem Rücken

Diese einfache Dehnung für den oberen und mittleren Rücken können Sie überall machen, auch während Sie auf den Zug warten oder im Supermarkt an der Kasse stehen.

1. Beide Arme auf den Rücken legen, sodass die Hände nach unten zeigen. Beugen Sie den rechten Arm und versuchen Sie, mit der rechten Hand an den linken Ellbogen zu fassen. Halten Sie ihn 2–3 tiefe Atemzüge lang.
2. Beugen Sie nun auch den linken Arm, ohne ihn loszulassen, und fassen Sie den rechten Ellbogen mit der linken Hand. Halten Sie ihn und machen Sie 2–3 tiefe Atemzüge. Es macht nichts, wenn Sie den Ellbogen nicht ganz erreichen.
3. Beide Ellbogen loslassen und die Schultern 3–4-mal nach vorn, dann nach hinten kreisen.
4. Die Übung wiederholen, aber diesmal erst den linken Ellbogen hinter dem Rücken beugen.

Dehnung mit Gurt

Diese Dehnung ist etwas intensiver als die vorherigen Übungen. Sie baut auf ihnen auf und erweitert ihren Nutzen noch. Man kann sie mit einem Yogagurt, einem Gürtel oder einem zusammengerollten Handtuch ausführen.

1. Den Gurt straff zwischen den Händen halten, etwas weiter als schulterbreit. Die Arme über den Kopf führen und mit ihnen eine leichte V-Form bilden.
2. Die Arme hinter den Körper bringen, sodass der Gurt parallel zu den Schultern verläuft. Es macht aber nichts, wenn Sie nicht so weit hinunter kommen. Die Hände sollten weit genug auseinander sein, dass Sie die Dehnung gut in den Schultern spüren, aber ohne dass etwas wehtut. Passen Sie Ihre Handposition dementsprechend an.
3. Halten Sie den Gurt 5–8 Atemzüge lang hinter den Schultern. Strecken Sie die Arme dann wieder hoch über den Kopf.
4. Diese Bewegung nach hinten und oben 2–3-mal wiederholen und anschließend entspannen.

W-Kniebeuge

Diese Dehnung aktiviert die Muskeln des gesamten Rückens. Sie ist eine einfache Übung für jeden, der aufrechter stehen und/oder sitzen möchte.

1. Stehen Sie aufrecht. Die Füße etwas weiter als hüftbreit auseinander stellen und die Zehen in einem Winkel von 45 Grad nach außen drehen.
2. Die Knie nach außen beugen und mit dem Körper so weit wie möglich in die Hocke gehen. Den Rücken gerade und das Steißbein nach vorn gekippt halten. Die Knie nicht nach innen einknicken.
3. Gleichzeitig die Arme beugen und etwas senken, sodass sie ein „W“ bilden. Die Ellbogen unter die Schultern und auf eine Linie mit ihnen bringen (sodass sie weder vor noch hinter ihnen

sind). Die Finger zeigen nach oben und die Handflächen sind nach innen gedreht, sodass sie den Hals und das Gesicht einrahmen.

4. In dieser Stellung bleiben und die Schulterblätter zueinanderziehen. Die Schultern senken und die Position 5 Atemzüge lang halten. Achten Sie darauf, dass der Kopf dabei aufrecht bleibt und nicht nach vorn kippt.
5. Dann aus der Hocke aufrichten und die Arme locker lassen. Die Übung insgesamt 5-mal wiederholen.

Uhr an der Wand

Diese Übung löst die Verspannungen in den Armen, die so häufig vorkommen. Danach werden sich Ihre Arme länger, entspannter und beweglicher anfühlen.

1. Stellen Sie sich seitlich vor eine Wand, sodass ein Fuß, eine Hüftseite und eine Schulter sie berühren.
2. Den inneren Arm möglichst hoch strecken und die Hand flach an die Wand legen.
3. Den Körper stillhalten und mit der Hand langsam in einem großen Bogen über die Wand streichen, wie der Zeiger einer Uhr, der sich von der 12 auf die 6 bewegt. Die Brust soll möglichst nach vorn zeigen, aber es macht nichts, wenn sie sich ein kleines Stück zur Wand dreht.
4. Drehen Sie sich dann um und wiederholen Sie die Übung mit dem anderen Arm an der Wand.

Die Nadel einfädeln

Diese einfache Drehung wird im Vierfüßlerstand ausgeführt und öffnet die Schulter- und Brustmuskeln.

1. Auf einer Matte oder Decke in den Vierfüßlerstand gehen. Die Knie sind hüftbreit auseinander, die Arme sind ausgestreckt und die Hände liegen direkt unter den Schultern auf dem Boden.
2. Beim Einatmen den linken Arm nach oben strecken. Der andere Arm bleibt dabei gerade.
3. Beim Ausatmen den linken Arm unter dem rechten Arm „durchfädeln“, während sich die linke Schulter und die linke Wange auf den Boden senken. Dazu müssen Sie den rechten Arm beugen.
4. Den linken Arm so weit es geht nach rechts schieben, den rechten Arm gebeugt lassen. Halten Sie diese Position 3–5 Atemzüge lang.
5. Beim Einatmen wieder in die Ausgangsposition zurückkehren und die Übung in die andere Richtung wiederholen.
6. Auf jeder Seite 2–3-mal wiederholen.

Umgekehrte V-Drehung: Supta-Parivrityãsana

Diese Drehung ist weniger bekannt, aber äußerst wirksam, um Arme, Schultern und Brustkorb zu dehnen. Besonders hilfreich ist sie für alle, deren Oberkörper beim Meditieren immer dazu neigt, zusammenzusacken.

1. Legen Sie sich bäuchlings auf den Boden. Die Beine sind ein Stück auseinander und die Arme werden schräg nach vorn gestreckt, sodass sie auf dem Boden ein großes „V" bilden.
2. Der rechte Arm bleibt fest am Boden, während Sie den linken Arm heben und den ganzen Körper so drehen, dass sich der Arm nach oben, nach hinten und möglichst nah an den Boden auf der rechten Seite bewegt. Drehen Sie den Kopf mit dem Körper mit und halten Sie Ihren Blick auf die linke Hand gerichtet. Die linke Hüfte hebt und dreht sich, aber der linke Fuß soll auf dem Boden bleiben.
3. Zur Ausgangsposition zurückkehren und dann die andere Körperseite drehen.

Schulterstand: Sarvãngãsana

Das Sanskrit-Wort *Sarvãngãsana* bedeutet soviel wie „Alle-Teile-Haltung", da der gesamte Körper und auch die Seele von ihr profitieren. Bei korrekter Ausführung der Übung ruht das Kinn auf dem Brustbein, während die Schultern, der obere Rücken und die Halswirbelsäule entlastet werden. Die Schilddrüse wird stimuliert, sodass Körper und Geist in Vorbereitung auf die Meditation harmonisiert werden. Falls Sie sich noch nicht bereit für diese herausfordernde Stellung fühlen, lassen Sie sie vorerst aus.

1. Legen Sie sich auf den Rücken. Die Beine sind zusammen und ausgestreckt. Bei Bedarf können Sie die Schultern auf eine weiche Unterlage geben.
2. Die Hände an das Gesäß legen. Die Ellbogen sind auf dem Boden. Beine und Rumpf anheben und die Hände am Rücken entlang immer weiter Richtung Schultern schieben.
3. Versuchen Sie, den Körper – und die Beine – möglichst gerade nach oben zu strecken. Die Hände sollten flach am Rücken liegen, die Finger zeigen zur Wirbelsäule.
4. Die Beine gerade halten, aber die Wadenmuskeln und Füße locker lassen. Das Kinn drückt gegen das Brustbein, aber entspannen Sie ganz bewusst das Gesicht, die Zunge und den Hals.
5. Wenn Sie Anfänger sind, halten Sie die Position maximal 10 Sekunden lang. Später können Sie die Dauer nach und nach auf 3 Minuten verlängern. Achten Sie darauf, Kopf und Hals nicht zu bewegen, während Sie im Schulterstand sind.
6. Die Beine anschließend halb bis zum Boden hinter dem Kopf senken und die Hände und Unterarme auf den Boden hinter dem Rücken legen. Der Kopf bleibt, wo er ist. Drücken Sie dann die Hände in den Boden und rollen Sie langsam den Rücken nach unten, einen Wirbel nach dem anderen.

VORSICHT: SCHWANGERE SOLLTEN DEN SCHULTERSTAND NICHT MACHEN. EINE LEHRERIN, DIE SICH AUF SCHWANGERSCHAFTSYOGA SPEZIALISIERT, KANN IHNEN STATTDESSEN ALTERNATIVE ÜBUNGEN BEIBRINGEN.

Pflughaltung: Halãsana

Wenn Sie den Schulterstand beherrschen, können Sie auch den Pflug versuchen – um Ihren oberen Rücken und Schulterbereich noch intensiver zu dehnen.

1. Beginnen Sie im Schulterstand und senken Sie die Füße langsam zum Boden hinter Ihrem Kopf. Falls Sie den Boden nicht erreichen können, gehen Sie einfach so weit, wie es für Sie möglich ist, und stützen Sie den Rücken weiterhin mit Ihren Händen. Falls Sie mit den Füßen ganz hinunterkommen, legen Sie die Hände hinter dem Rücken auf den Boden und halten Sie die Position mindestens eine Minute lang, während Sie die innere Ruhe, die diese Übung fördert, genießen.
2. Um die Haltung zu lösen, einfach die Beine behutsam nach unten rollen und dabei Kopf und Hände auf dem Boden halten. Mit den Händen können Sie das Tempo verlangsamen. Bringen Sie einen Wirbel nach dem anderen zum Boden.

Den Brustkorb öffnen, um besser zu atmen

Wenn Ihr Oberkörper in sich zusammensackt, während Sie meditieren, hat das wahrscheinlich zwei zusammenhängende Ursachen: Die Brustmuskeln sind verkürzt vom langen, gekrümmten Sitzen vor dem Computer oder am Handy und ähnlichen Geräten, und die Schulter- und Rückenmuskeln sind schwach und überdehnt.

Ist der Brustkorb ständig „eingezogen", haben die Rippen und das Zwerchfell nicht ausreichend Platz, um sich auszudehnen, und Sie können keine tiefen, vollen Atemzüge nehmen. Ein Sauerstoffmangel kann auch einer der Gründe sein, warum Sie beim Meditieren oft einschlafen, da Sie genug Sauerstoff brauchen, um für längere Zeit aufmerksam und konzentriert zu bleiben, ohne sich ablenken zu lassen.

Vielen Meditierenden hilft es, einen „goldenen Faden" zu visualisieren, um gerade zu sitzen und den Brustkorb aufrecht zu halten. Setzen Sie sich in Ihre bevorzugte Haltung und stellen Sie sich vor, dass an Ihrem Kopf ein goldener Faden befestigt ist und Ihren gesamten Körper hochzieht. Auch von Ihrem Brustbein führt ein Faden nach oben und hebt den Brustkorb an. So kann sich Ihr gesamter Atmungsapparat vollständig ausdehnen, sodass Sie tiefer Luft holen können.

Die folgenden Übungen sollen die Mobilität Ihres Brustbereichs verbessern und seine Muskeln stärken. Wenn Sie sie regelmäßig machen, verbessern sich Ihre Haltung, Ihre Atemtiefe (siehe Kapitel vier) und Ihre Fähigkeit, bequem meditieren zu können.

Fischhaltung: Matsyãsana

Diese klassische Yogastellung öffnet den Brustkorb, sodass Sie besser atmen können und sich Ihr Herz freier fühlt. Falls Sie dazu neigen, beim Meditieren einzuschlafen oder Panikattacken und/oder Platzangst bekommen, wenn Sie versuchen, zu meditieren, wird Ihnen das regelmäßige Praktizieren der Fischhaltung wahrscheinlich guttun.

1. Flach auf dem Rücken und mit ausgestreckten, geschlossenen Beinen liegen.
2. Die Hände mit den Handflächen nach unten unter die Pobacken legen. Die Arme beugen und die Ellbogen in den Boden drücken, um die Brust nach oben zu wölben. Versuchen Sie, mit dem Scheitel auf den Boden zu kommen.
3 Die Position 3–10 Atemzüge lang halten. Das meiste Gewicht ruht auf den Ellbogen und nur sehr wenig auf dem Kopf oder Nacken. Wenn Sie die Stellung einmal beherrschen, können Sie die Zeit nach und nach auf 2 Minuten verlängern.
4. Die Brust ist weit geöffnet. Atmen Sie so tief wie möglich und aktivieren Sie da-

bei den Brustkorb. Stellen Sie sich vor, dass sich Ihre Rippen wie die Kiemen eines Fisches öffnen, um Sauerstoff einzusaugen.

5. Um die Position zu lösen, den Oberkörper leicht anheben, den Kopf nach hinten schieben und den Rücken langsam zu Boden senken. Entspannen Sie kurz.

HINWEIS: MACHEN SIE DIE FISCHHALTUNG NICHT, WENN SIE EIN SCHLEUDERTRAUMA, EINE ANDERE VERLETZUNG DER HALSWIRBELSÄULE, BLUTHOCHDRUCK ODER MIGRÄNE HABEN. MACHEN SIE DIESE ODER ANDERE YOGASTELLUNGEN NIE WÄHREND EINES ASTHMAANFALLS.

Kamelhaltung: Ustrăsana

Dieser Brustöffner hebt das Brustbein an und gibt den Rippen und dem Hals mehr Raum. Er kräftigt die Zwischenrippenmuskeln, die den Brustkorb beim Atmen ausdehnen.

1. Auf einer Decke oder Matte knien. Die Beine stehen hüftbreit und parallel zueinander. Bei Bedarf die Knie extra polstern. Setzen Sie sich dann auf die Fersen.
2. Nach hinten greifen und jede Ferse mit einer Hand fassen. Sie können die Hände auch hinter den Füßen flach auf den Boden setzen, mit den Fingern nach hinten.
3. Heben Sie nun das Gesäß hoch, ohne die Hände zu bewegen, und stellen Sie die Oberschenkel gerade auf, sodass Sie aufrecht knien. Drücken Sie die Hüften so weit es geht nach vorn, heben Sie die Brust, entspannen Sie den Hals und lassen Sie den Kopf ganz sanft ein Stück nach hinten sinken.
4. Das Körpergewicht nach vorn verlagern, sodass sich die Hüftknochen auf einer Linie mit den Knien befinden und der obere Rücken parallel zum Boden liegt. Es macht aber nichts, wenn Sie es nicht so weit schaffen.
5. Die Position 3–10 tiefe Atemzüge lang halten. Stellen Sie sich vor, wie sich Ihr Herzbereich zum Himmel wölbt. Lassen Sie dann die Hände los, senken Sie das Gesäß langsam auf die Fersen und beugen Sie den Körper nach vorn.
6. Die Stirn zum Boden senken und in der Kindhaltung (siehe Seite 94) 3–5 Atemzüge lang entspannen. Diese Übung 2–3-mal wiederholen.

Kuhgesichtshaltung – Armpositionen: Gomukhãsana

Diese traditionelle Yogahaltung löst verspannte Muskeln im Bereich der Schultern und Schlüsselbeine, sodass Sie beim Meditieren bequemer sitzen können und offener für Eingebungen werden.

1. Auf den Fersen sitzen.
2. Den rechten Arm beugen und etwas über Taillenhöhe auf den Rücken legen. Die Hand so weit wie möglich nach oben schieben.
3. Nun den linken Arm nach oben strecken und nach hinten beugen, sodass die linke Hand hinter der linken Schulter liegt. Beide Hände auf dem Rücken, wenn möglich, zusammenführen. Falls das nicht geht, können Sie sich mit einem Yogagurt behelfen (siehe Variante unten).
4. Halten Sie die Hände oder den Gurt, atmen Sie tief ein und lehnen Sie sich nach vorn, sodass sich der Kopf zum Boden neigt. Wenn Sie die Übung im Sitzen machen, sollen sich die Pobacken nicht von ihrem Platz heben.
5. Halten Sie die Position 10 Sekunden lang und atmen Sie gleichmäßig. Wenn Sie einmal mit der Übung vertraut sind, können Sie die Dauer mit der Zeit allmählich auf 30 Sekunden erhöhen.
6. Atmen Sie ein und setzen Sie sich auf. Lassen Sie die Hände los, schütteln Sie die Schultern aus und wiederholen Sie die Übung mit umgekehrter Armhaltung.

VARIANTE: MACHEN SIE DIE ÜBUNG WIE OBEN GEZEIGT, ABER HALTEN SIE IN IHRER OBEREN HAND EINEN YOGAGURT ODER EIN HANDTUCH, UM DEN ABSTAND ZWISCHEN IHREN HÄNDEN ZU ÜBERBRÜCKEN. GREIFEN SIE MIT DER UNTEREN HAND NACH HINTEN UND FASSEN SIE DEN GURT. FÜHREN SIE DIE HÄNDE SO NAH WIE MÖGLICH ZUEINANDER.

Kobrahaltung: Bhujangāsana

Diese klassische Yogastellung öffnet nicht nur den Brustbereich und verändert schlechte Haltungsgewohnheiten, sondern hilft auch, negative Denkmuster loszulassen, sodass die Energie wieder in positivere Bahnen gelenkt wird. Sie weitet den Brustkorb und kräftigt den oberen Rücken, damit er während des Meditierens nicht rund wird.

1. Legen Sie sich bäuchlings auf eine Matte oder Decke. Die Fersen zusammenführen. Die Fußrücken und die Stirn befinden sich auf dem Boden.
2. Die Handflächen mit den Fingern nach vorn direkt unter den Schultern auf den Boden stützen. Die Ellbogen sind ein Stück über dem Boden, leicht gebeugt und befinden sich neben den Rippen.
3. Beim Einatmen den Oberkörper aufrichten und erst die Stirn, dann Nase, Kinn und Brust langsam nach vorn bringen. Die Ellbogen bleiben dabei leicht gebeugt und nahe am Körper. Versuchen Sie, den Bauch so nah wie möglich am Boden zu halten und den oberen Rücken nach vorn durchzudrücken. Die Schulterblätter nach unten ziehen, damit die Schultern nicht zu den Ohren hochwandern.
4. Die Position 3–5 Atemzüge lang halten. Spüren Sie, wie das Brustbein nach vorn gedrückt wird. Dann den Körper Wirbel für Wirbel senken. Zuletzt die Stirn auf den Boden legen.
5. Die Übung 2–3-mal ausführen.

 **VARIANTE:** IST IHNEN DIE DEHNUNG ZU STARK, PROBIEREN SIE DIE KLEINE KOBRA. DER BEWEGUNGSABLAUF IST GLEICH, ABER DIE ELLBOGEN UND UNTERARME BLEIBEN DABEI AUF DEM BODEN. DIE POSITION 3–5 ATEMZÜGE LANG HALTEN UND DIE ÜBUNG 2–3-MAL WIEDERHOLEN.

Gedrehte Kobra

Diese angenehme, tiefgehende Drehung macht den Brustkorb richtig weit und sollte erst versucht werden, wenn Sie die Kobrahaltung (siehe oben) zumindest zweimal mühelos ausgeführt haben.

1. Beginnen Sie wie in der Kobrahaltung: Legen Sie sich bäuchlings auf eine Matte oder gefaltete Decke. Die Fersen zusammenführen. Die Fußrücken und die Stirn ruhen auf dem Boden.
2. Die Zehen aufstellen und die Hände neben den Rippen aufstützen.
3. Beim Einatmen den Oberkörper etwas weiter als bei der Kobrahaltung anheben. Die Ellbogen bleiben gebeugt. So weit hochgehen, dass nur noch die Hände und unteren Beine den Boden berühren.
4. Drehen Sie sich so, dass Sie über die linke Schulter blicken. Versuchen Sie, die rechte Ferse zu sehen. Die linke Schulter und die linke Hüfte so nah wie möglich zueinanderführen.
5. Zur Mitte zurückkehren und auf der anderen Seite wiederholen.
6. Die Übung auf jeder Seite 3–5-mal wiederholen und dann den Körper wieder Wirbel für Wirbel auf den Boden senken.

Kniende Halbmondhaltung: Ardha-Chandrãsana

Diese kniende Stellung erzeugt eine hervorragende Rückwärtsdehnung, die den Brustkorb öffnet, die Wirbelsäule streckt und die Zwerchfellatmung erleichtert. Außerdem löst sie Verspannungen im Hüftbereich, verbessert den Gleichgewichtssinn und die Konzentration und kann freudige Gefühle fördern.

1. Knien Sie mit geschlossenen Beinen auf einer Matte oder gefalteten Decke. Die Füße sind nebeneinander. Bei Bedarf können Sie die Knie zusätzlich abpolstern.
2. Den Körper aufrichten, sodass Sie in einer geraden Haltung knien und die Oberschenkel im rechten Winkel zu den Unterschenkeln stehen.

3. Den rechten Fuß vor dem Körper aufstellen, mit dem Oberschenkel parallel zum Boden. Den Fuß ein paar Zentimeter nach vorn schieben. Er soll ein Stück vor dem Knie, aber noch auf einer Linie mit ihm sein.
4. Die Hände vor der Brust aufeinanderlegen und die Daumen überkreuzen, damit sie nicht verrutschen. Die Arme nach oben ausstrecken. Schauen Sie zu Ihren Händen hoch und atmen Sie tief ein, während Sie den Rücken nach hinten beugen. Spüren Sie das befreiende Gefühl, wenn Sie Ihr Herz zum Himmel heben.
5. Die Position 3–10 tiefe Atemzüge lang halten. Dann lösen und mit dem anderen Bein wiederholen.

Aufrechte Tänzerhaltung: Natarajãsana

Wenn Sie diese Position regelmäßig üben, werden die Hüftbeuger geöffnet und gestärkt, was eine gute Vorbereitung auf die Meditation ist. Diese Stellung ist eine Variante der klassischen Yogahaltung „Tänzer", die einen anderen Körperbereich bearbeitet.

1. Stehen Sie gerade, mit den Füßen parallel zueinander. Fixieren Sie mit Ihrem Blick einen Punkt an der Decke, der ungefähr zwei Meter von Ihnen entfernt ist.
2. Das rechte Knie beugen, sodass sich der rechte Fuß vor die rechte Pobacke bewegt. Mit beiden Händen nach hinten greifen und das rechte Fußgelenk umfassen.
3. Das Bein nun nach oben ziehen und den Fuß so hoch es geht und möglichst weit von der rechten Pobacke weg bringen. Dabei neigt sich der ganze Körper leicht nach vorn, aber achten Sie darauf, dass er nicht zu weit kippt. Konzentrieren Sie sich darauf, den Fuß und das Knie anzuheben – sodass die Schultern nach hinten gezogen werden.
4. Die Position 5 langsame, gleichmäßige Atemzüge lang halten. Mit der Zeit können Sie die Dauer auf 20 Atemzüge steigern. Die Stellung lösen und mit dem anderen Bein wiederholen. Fällt es Ihnen schwer, das Gleichgewicht zu halten, üben Sie vor einer Wand.

Übungen bei Verspannungen im unteren Rücken

Einer der häufigsten Sätze, die ich als Yogalehrerin zu hören bekomme, lautet: „Mein Rücken tut weh. Kann ich mich an der Wand anlehnen?“ Meine Erfahrung hat mir aber gezeigt, dass die meisten Meditierenden, die sich anlehnen, nach wenigen Minuten zusammensacken und oft einschlafen. Darum empfehle ich, stattdessen die Muskeln im unteren Rücken zu stärken, um bequemer sitzen können, ohne eine Stütze zu brauchen.

Wissenschaftler fanden heraus, dass 80 Prozent aller Menschen irgendwann im Leben unter Schmerzen im unteren Rücken leiden. Dafür gibt es viele Ursachen, zum Beispiel Bewegungsmangel, Überbeanspruchung, Stress oder Erschöpfung. Bei Meditierenden liegt es meist daran, dass nicht regelmäßig praktiziert wird und man dann auf einem Retreat oder bei einer Gruppenübung versucht, länger in einer Meditationshaltung zu sitzen, ohne darauf vorbereitet zu sein.

Rückenschmerzen beim Meditieren treten häufig auf, wenn man körperlich nicht fit genug ist, da schwache Rücken- und Bauchmuskeln die Wirbelsäule nicht dauerhaft geradehalten können. Manchmal betrifft es aber auch Personen, die regelmäßig Sport treiben und deren Gesäß- und Oberschenkelmuskeln übermäßig ausgeprägt sind.

Wenn Sie die Übungen in diesem Abschnitt regelmäßig machen, minimieren Sie Verspannungen und andere Beschwerden im unteren Rücken, die beim Meditieren auftreten. Die Muskeln in diesem Bereich werden dadurch entspannt und gestärkt und die fünf Lendenwirbel bleiben gesund und beweglich.

Kindhaltung: Bālāsana

Diese klassische Yogastellung ist perfekt, um Verspannungen im unteren Rücken zu lösen. Am besten machen Sie sie direkt vor dem Meditieren – und vielleicht auch gleich danach. Die Position wendet den Körper nach innen und lenkt die Aufmerksamkeit weg von Ablenkungen im Außen.

1. Im Fersensitz beginnen und die Knie ein Stück öffnen. Falls das für Sie nicht bequem ist, sitzen Sie auf einem Kissen oder einer gefalteten Decke. Manche Meditierende platzieren auch einen aufgerollten Waschlappen oder eine Socke in jeder Kniekehle.
2. Tief einatmen und dann ausatmen, während Sie den Oberkörper nach vorn legen und die Stirn zum Boden bringen. Die Arme liegen entspannt neben dem Körper, die Hände neben den Füßen. Falls Sie mit dem Kopf nicht zum Boden kommen,

legen Sie die Hände übereinander und unter die Stirn. Als noch höhere Alternative können Sie auch Fäuste machen und übereinanderlegen oder auch ein Kissen oder einen Yogablock als Ruheplatz für die Stirn verwenden.

3. Den Hals entspannen und tief in den Rücken atmen. Die Position 5–10 Atemzüge oder, wenn Sie möchten, einige Minuten lang halten.
4. Wenn Sie bereit sind. richten Sie sich Wirbel für Wirbel wieder auf, bis Sie wieder im Fersensitz sind.

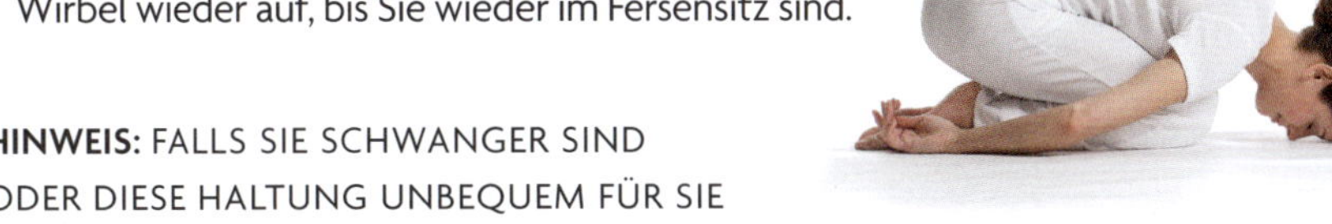

HINWEIS: FALLS SIE SCHWANGER SIND ODER DIESE HALTUNG UNBEQUEM FÜR SIE IST, VERGRÖSSERN SIE DEN ABSTAND ZWISCHEN IHREN KNIEN.

Sitzende Vorbeuge: Paschimottãnãsana

Diese gehaltvolle Position soll eine Dehnung für alle Muskeln und Bänder der Körperrückseite sein und auch die Wirbelsäule strecken. Dabei wird der Körper in der Mitte nach vorn geklappt, was auch den Geist beruhigt und dabei hilft, uns auf die innere Ruhe einzustimmen.

1. Sitzen Sie auf dem Boden. Die Beine sind geschlossen und ausgestreckt. Beim Einatmen die Arme neben den Ohren so weit wie möglich nach oben strecken.
2. Die Dehnung halten und ausatmen, dabei aus den Hüften langsam nach vorn beugen. Versuchen Sie, Ihre Zehen oder den Außenrist der Füße zu greifen. Falls das nicht geht, nehmen Sie einen Yogagurt oder ein Handtuch zu Hilfe. Legen Sie den Gurt oder das Handtuch über die Fußballen, halten Sie die Enden fest, und ziehen Sie Ihren Körper daran nach vorn. Versuchen Sie dabei, die Fußknöchel zusammenzuhalten.
3. Die Position 5–10 Atemzüge lang halten. Nehmen Sie wahr, wo Ihr Körper verspannt ist und atmen Sie in diese Bereiche, um sie aufzulockern. Sobald Sie diese Haltung beherrschen, können Sie die Dauer allmählich auf 30 Atemzüge steigern.

HINWEIS: ICH EMPFEHLE, DIREKT NACH DIESER ÜBUNG DIE UMGEKEHRTE BRETTHALTUNG ZU MACHEN (SIEHE NÄCHSTE SEITE).

Umgekehrte Bretthaltung: Purvottãsãsana

Diese intensive Streckung soll die gesamte Körpervorderseite dehnen und ist das perfekte Gegenstück zur sitzenden Vorbeuge – und zum langen Sitzen in vornübergebeugter Haltung, etwa am Schreibtisch, beim Autofahren oder am Handy.

1. Sitzen Sie mit ausgestreckten Beinen auf dem Boden. Nach hinten lehnen und die Hände hinter den Hüften auf den Boden stützen. Manche Menschen bevorzugen es, wenn die Finger nach vorn zeigen, andere finden die Position angenehmer, wenn sie nach hinten weisen.
2. Lassen Sie den Kopf leicht nach hinten fallen und heben Sie die Hüften so hoch wie möglich an. Die Füße sollen zusammenbleiben und werden flach auf dem Boden gelegt (einschließlich der Zehen).
3. Die Position 3–5 Atemzüge lang halten, dann wieder lösen. Das Gesäß zum Boden senken und die Hände ausschütteln.

Beckenhebung zur Schulterbrücke: Sethu-Bandhãsana

Bei dieser Übung, die aus zwei Stellungen besteht, wechseln Sie von der sanften Beckenhebung in die etwas schwierigere Schulterbrücke. Beide Bewegungsabläufe sind Brustöffner und verbessern die Atmung. Zusätzlich lösen sie Verspannungen, die das Übertragen von Nervenimpulsen entlang der Wirbelsäule sowie feinstoffliche Energien auf den dazugehörigen Energiebahnen blockieren können.

1. Auf dem Rücken liegen. Die Knie beugen und die Füße hüftbreit aufstellen. Die Beine stehen parallel zueinander, die Arme ruhen an den Seiten auf dem Boden.
2. Durch den Mund ausatmen und das Steißbein zu den Füßen und nach oben heben. Dabei den Bauchnabel zur Wirbelsäule ziehen. Kopf, Schultern, Füße und Arme bleiben auf dem Boden.
3. Durch die Nase einatmen und den Oberkörper Wirbel für Wirbel auf den Boden senken. Dabei die Wirbelsäule strecken. Falls Sie Anfänger sind, wiederholen Sie

die Schritte 1–3 mehrmals und heben das Becken jedes Mal ein wenig höher, bis der Rücken gut durchgebogen ist. Dann können Sie zu Schritt 4 übergehen.

4. Wenn Sie Ihr Becken weit genug angehoben haben, beugen Sie die Arme und stützen Sie die Hände am unteren Rücken ab, um in die Schulterbrücke überzugehen. Sie können die Arme auch flach auf dem Boden lassen und die Finger unter dem Oberkörper verschränken.
5. In dieser Position 8–10 Atemzüge lang verweilen und dabei das Becken so hoch wie möglich und den Nacken gestreckt halten. Dann langsam absenken und entspannen.

Unterstützte Schulterbrücke: Sethu-Bandãsana

Diese Variante der Schulterbrücke (siehe Seite gegenüber) ist eine einfache Alternative für alle, deren Beine und Füße oft einschlafen. Sie entspannt den gesamten Rücken, mit Schwerpunkt auf Lendenwirbelsäule und Kreuzbein (unterer Rücken).

1. Legen Sie sich auf den Rücken. Die Knie anwinkeln und die Füße hüftbreit aufstellen. Auf die Zehenspitzen stellen und einen Yogablock oder ein paar Kissen als Stütze unter das Steißbein schieben. Den Block können Sie unterschiedlich aufstellen, sodass Ihnen verschiedenen Höhen zur Verfügung stehen. Finden Sie heraus, welche zur Flexibilität Ihrer Wirbelsäule passt.
2. Die Arme seitlich neben dem Block oder den Kissen ausstrecken und die Finger unter dem Körper verschränken. Die Position 10–20 tiefe Atemzüge lang halten.
3. Bevor Sie sich wieder absenken, atmen Sie ein und stellen Sie sich erneut auf die Zehenspitzen (so können Sie den Block oder die Kissen leichter entfernen). Atmen Sie dann aus und senken Sie den Oberkörper langsam Wirbel für Wirbel, beginnend bei den oberen Wirbeln. Spüren Sie, wie sich das Steißbein vom Kopf wegdehnt, während Sie jeden der nachfolgenden Wirbel auf den Boden legen.

Stehende Vorbeuge: Hasta-Padãsana

Die stehende Vorbeuge ähnelt in ihrem Nutzen der sitzenden Vorbeuge (siehe Seite 95), da sie die gesamte Körperrückseite dehnt und eine beruhigende Wirkung auf den Geist ausübt. Außerdem lässt sie uns ein Gefühl des mentalen und körperlichen Gleichgewichts empfinden.

1. Gerade hinstellen. Die Füße stehen hüftbreit auseinander. Den Oberkörper langsam nach unten rollen, beginnend beim Kopf, dann die Hals- und Brustwirbel. Die Knie bleiben dabei durchgestreckt.
2. Die Stirn zu den Knien bringen und die Brust so nah wie möglich zu den Oberschenkeln. Versuchen Sie, die Hände auf den Boden vor Ihren Füßen zu setzen. Falls das nicht geht, umfassen Sie die Rückseite Ihrer Beine, wo Sie sie erreichen können.
3. Die Hüfte nach oben ziehen und darauf achten, dass das Gewicht gleichmäßig über die gesamte Fläche der Füße verteilt ist.
4. Die Position 8–15 Atemzüge lang halten und dann wieder langsam aufrichten, Wirbel für Wirbel.

Gestreckte Dreieckshaltung: Utthita-Trikonãsana

Diese Seitbeuge richtet die Wirbelsäule nach rechts und links aus und löst vor allem Verspannungen im unteren Rücken. Sie verbessert die Haltung und die Fähigkeit, während des Meditierens bequem sitzen zu können.

1. Gerade hinstellen. Die Füße stehen etwas weiter als schulterbreit auseinander. Den linken Fuß im rechten Winkel nach außen und den rechten Fuß ein kleines Stück nach innen drehen.
2. Die Arme heben und auf Schulterhöhe gerade zu den Seiten ausstrecken. Die Handflächen zeigen nach vorn.
3. Atmen Sie tief ein und beugen Sie beim Ausatmen den Körper in die rechte Seite, bis Sie mit der rechten Hand das rechte Fußgelenk oder den rechten Unterschenkel fassen können. Alternativ können Sie die Hand auch auf einem Yogablock abstützen, falls das für Sie leichter ist.

4. Der linke Arm soll von der Schulter aus gerade nach oben gestreckt sein, sodass beide Arme eine gerade Linie bilden. Drehen Sie nun den Kopf, um auf die obere Hand zu blicken. Die Gesichtsmuskeln bleiben dabei entspannt.
5. Die Position 5–10 Atemzüge lang halten, dann langsam lösen und wieder in die Ausgangsstellung zurückkehren. Auf der anderen Seite wiederholen.

Krieger 2: Virabhadrãsana

Diese kraftvolle Yogaposition stärkt die Muskeln im unteren Rücken, die eine angenehme Sitzhaltung ermöglichen. Wenn Sie diese Stellung regelmäßig praktizieren, werden Sie bequemer und mit mehr Stabilität meditieren können.

1. Aufrecht hinstellen. Die Füße stehen etwas weiter als schulterbreit auseinander. Den linken Fuß im rechten Winkel nach außen und den rechten Fuß leicht nach innen drehen. Der Brustkorb zeigt nach vorn und soll sich nicht mitdrehen.
2. Die Arme auf Schulterhöhe zu den Seiten ausstrecken. Die Handflächen zeigen nach unten. Achten Sie darauf, dass Ihr Oberkörper in der Mitte bleibt und nicht in eine Seite lehnt. Das linke Knie im rechten Winkel beugen, sodass es auf einer Linie mit dem Fuß bleibt. Das rechte Bein bleibt gerade.
3. Drehen Sie den Kopf, ohne den Körper mitzubewegen, und schauen Sie Ihre linke Hand an. Halten Sie die Position 5–10 tiefe Atemzüge lang. Atmen Sie bewusst und konzentriert.
4. Anschließend wieder zur Mitte zurückkehren und zur anderen Seite hin wiederholen.

Übungen bei Beschwerden in den Hüften und Knien

Viele Menschen verspüren Schmerzen in den Hüften und/oder Knien, wenn sie in einer Meditationshaltung sitzen. Man braucht eine gute Hüftmobilität (offene Hüftbeuger) und eine gleichmäßig ausgeprägte Beinmuskulatur, um bequem sitzen zu können. Aufgrund des heutigen Lebensstils fehlen diese Voraussetzungen jedoch bei vielen.

Ein Beispiel ist das häufige lange Sitzen, das zu schwachen, verspannten oder verkürzten Beinmuskeln führt. Manche Menschen haben auch steife, überentwickelte Muskeln, weil sie Sportarten wie Fußball, Radfahren oder Laufen ausüben.

Die Übungen behandeln nicht nur muskuläre Ungleichgewichte an den *Vorder- und Rückseiten* der Beine, sondern auch an beiden *Seiten* der Oberschenkel. Sie helfen, dass Ihr Unterkörper kräftiger und gelenkiger wird, sodass Sie bequemer sitzen können.

Falls Sie jemals unter Knieschmerzen leiden, praktizieren Sie unbedingt auf einer gepolsterten Unterlage und sitzen Sie gegebenenfalls auf Kissen und/oder Decken. Bei bestimmten Positionen hilft es, die Knie weich zu stützen.

Um eine Verbesserung zu erzielen, sollten Sie zumindest eine oder zwei der Übungen in diesem Abschnitt täglich ausführen. Am besten beginnen Sie mit mindestens einer, bei der Sie auf dem Rücken liegen, und einer, bei der Sie sitzen.

Entblähende Haltung: Vatayāsana

Diese Dehnung eignet sich hervorragend als Einstieg in die Arbeit mit den Hüftbeugern und ist eine Wohltat für alle, die unter innerer Unruhe leiden, da sie nicht nur den Körper, sondern auch den Geist auf die Meditation vorbereitet. Sie ist so einfach, dass man sie sich schnell angewöhnen und jeden Morgen nach dem Aufstehen machen kann.

1. Liegen Sie auf dem Rücken. Der Nacken sollte sich möglichst nahe am Boden befinden. Das Kinn soll nicht höher als die Stirn sein. Falls Ihr Nacken verspannt ist und den Kopf nach hinten zieht, legen Sie ein gefaltetes Handtuch unter den Kopf, um ihn gerade zu halten.
2. Die Beine anwinkeln und die Füße aufstellen. Knie und Füße sind zusammen.
3. Tief und lange einatmen, dabei ein Knie nach oben an den Körper ziehen. Das Knie mit beiden Händen halten und gegen den Bauch drücken – oder möglichst nah zum Bauch führen. Dann lösen und ausatmen.
4. Mit dem anderen Bein wiederholen. Im Wechsel auf jeder Seite 3–5-mal machen.

Krokodilhaltung: Jathara-Parivartanãsana

Diese sanfte Drehhaltung massiert auf natürliche Weise die Hüften, den unteren Rücken und die Bauchorgane und kann auch Ängste und Zwangsgedanken vertreiben, was dabei hilft, den Geist als Vorbereitung auf die Meditation zu beruhigen.

1. In Rückenlage die Beine anwinkeln und die Füße aufstellen. Die Arme auf Schulterhöhe und mit den Handflächen auf dem Boden zu den Seiten ausstrecken.
2. Den Kopf drehen und zur rechten Hand blicken. Gleichzeitig die Beine nach links drehen. Die Knie bleiben dabei zusammen. Bei Bedarf können Sie ein Kissen oder eine Decke unter Ihre Beine legen.
3. Die linke Hand auf die Knie legen, um die Beine etwas weiter zum Boden zu ziehen. Die Schultern bleiben dabei auf dem Boden.
4. Die Position 3–5 tiefe Atemzüge lang halten. In die Ausgangsstellung zurückkehren und mit vertauschten Seiten wiederholen.

Froschhaltung: Mandukãsana

In dieser Position ähnelt der Körper einem Frosch, der zum Sprung ansetzt. Sie ist eine intensive Streckung für die Hüftbeuger und die Innenseiten der Oberschenkel. Werden diese Muskeln gedehnt und sind sie gleichmäßig ausgeprägt, wird es Ihnen viel leichter fallen, in Haltungen mit gekreuzten Beinen zu sitzen.

1. Auf den Fersen sitzen. Die Füße sind zusammen, die Knie weit auseinander.
2. Lehnen Sie sich nach vorn und setzen Sie die Hände vor sich auf den Boden. Das Gesäß soll dabei auf den Fersen bleiben. Versuchen Sie, mit der Brust den Boden zu berühren – oder so tief nach unten zu kommen, wie es für Sie angenehm ist.
3. Die Arme mit den Handflächen nach unten nach vorn ausstrecken.
4. Tief atmen und 3–5 Atemzüge lang in dieser Haltung verweilen. Mit der Zeit auf 10 Atemzüge steigern.

Liegender Hüftöffner

Diese einfache, aber kraftvolle Übung dehnt die Hüftbeuger und verbessert die Beweglichkeit. Wenn Sie diese Position regelmäßig praktizieren, verbessern sich Hüft- und Kniebeschwerden, die beim Sitzen in einer Meditationshaltung auftreten können.

1. Auf dem Rücken liegen. Die Beine sind angewinkelt und die Füße aufgestellt. Das rechte Bein über das linke schlagen.
2. Die Füße vom Boden heben und beide Beine zur Brust ziehen. Dabei bleiben die Knie zusammen. Die Vorderseite des oberen Knies mit beiden Händen umfassen. Falls Sie das Knie nicht erreichen können, halten Sie sich stattdessen an den Oberschenkelrückseiten fest.
3. Die Knie mithilfe der Hände so nah wie möglich an die Brust ziehen und dort halten.
4. In dieser Position 10 Sekunden bleiben. Die Dauer mit der Zeit auf eine Minute steigern. Mit dem anderen Bein wiederholen.

Liegende Taubenhaltung: Supta-Kapotãsana

Diese Übung wird oft mit dem liegenden Hüftöffner kombiniert. Die Dehnung hier ist um einiges intensiver, darum sollten Sie den liegenden Hüftöffner mindestens eine Woche lang praktizieren, bevor Sie die Taubenhaltung in Ihr Repertoire aufnehmen.

1. Auf dem Rücken liegen. Die Beine sind angewinkelt und die Füße aufgestellt. Die Knie und Füße sind zusammen.
2. Den rechten Fuß heben und das rechte Fußgelenk auf das linke Knie legen, sodass Ihr rechtes Knie nach außen zeigt.
3. Den rechten Arm unter dem rechten Knie durchstecken und dann das linke Schienbein mit beiden Händen umfassen. Falls Sie das nicht können, halten Sie die Rückseite des Oberschenkels.

4. Die Beine so nah wie möglich an die Brust ziehen.
5. Mindestens 10 Sekunden lang halten. Mit der Zeit auf eine Minute steigern.
6. Die Füße absetzen und die Übung mit vertauschter Beinstellung wiederholen.

Einbeinige Vorwärtsbeuge: Janu-Shirasãsana

Diese Haltung löst nicht nur Verspannungen in den Hüften, was ein angenehmeres Sitzen bei der Meditation ermöglicht, sie beruhigt auch den Geist und das Nervensystem.

1. Mit ausgestreckten Beinen auf dem Boden sitzen. Das linke Bein anwinkeln und den linken Fuß an die Innenseite des rechten Oberschenkels legen.
2. Beim Einatmen die Arme gerade nach oben strecken.
3. Beim Ausatmen aus der Hüfte nach vorn beugen und mit beiden Händen die Zehen des rechten Fußes fassen. Falls Sie die Zehen nicht erreichen können, greifen Sie das rechte Bein so weit unten, wie es geht. Alternativ können Sie auch einen Yogagurt oder ein Handtuch um die rechte Fußspitze legen und mit beiden Händen festhalten.
4. Die Position 3–5 Atemzüge lang halten. Mit der Zeit die Dauer auf 10 Atemzüge steigern.
5. Anschließend die Hände wieder lösen, in den aufrechten Sitz zurückkehren und die Übung auf der anderen Seite wiederholen.

Vorgebeugte sitzende Winkelhaltung: Upavistha-Konāsana

Diese wohltuende Vorwärtsbeuge ist eine intensive Dehnung der Oberschenkelinnenseiten. Jeder Schritt der Übung steigert die Schwierigkeit der Haltung. Gehen Sie einfach so weit, wie Sie können.

1. Mit weit gespreizten Beinen auf dem Boden sitzen. Falls Ihr Steißbein nach hinten kippt und/oder der untere Rücken ein zu starkes Hohlkreuz bildet, legen Sie ein kleines Kissen oder eine gefaltete Decke unter Ihr Gesäß.
2. Verschränken Sie die Hände vor der Brust und strecken Sie die Arme gerade aus. Stellen Sie sich vor, dass Sie in einem großen Topf rühren: Lassen Sie Ihren ganzen Rumpf aus der Hüfte heraus kreisen – zuerst 10-mal in die eine Richtung, dann 10-mal in die andere.
3. Drehen Sie den Oberkörper dann zu Ihrem rechten Bein. Einatmen und dabei beide Arme neben den Ohren nach oben strecken. Ausatmen und nach vorn beugen. Fassen Sie den rechten Fuß mit beiden Händen und ziehen Sie das Brustbein so weit es geht zum rechten Oberschenkel. Die Position 3–5 Atemzüge lang halten. Dann aufsitzen und auf der linken Seite wiederholen.
4. Mit dem Oberkörper in der Mitte dann mit jeder Hand je einen Fuß greifen. Der Kopf soll dabei nach unten sinken und der Nacken soll entspannt sein. Wenn Sie möchten, können Sie die Stirn auf ein Kissen oder einen Yogablock legen.
5. Die Position 3–5 Atemzüge lang halten – oder auch länger, wenn Sie das möchten. Die Hände dann langsam wieder zurückziehen und dabei aufsitzen.

HINWEIS: WIE VIELE SCHRITTE SIE VON DIESER ANLEITUNG AUCH MACHEN, BEENDEN SIE DIE ÜBUNG, INDEM SIE DIE BEINE ANWINKELN, DIE FUSSSOHLEN AUFEINANDERLEGEN UND LEICHT MIT DEN KNIEN FEDERN.

Vorbereitung Pfeil- und Bogenhaltung: Akarna-Dhanurāsana

Die Pfeil- und Bogenhaltung ist eine anspruchsvolle Position, für die man sehr beweglich sein muss. Diese Übung ist eine Vorbereitung darauf. Anfänger können Sie fürs Erste auslassen und sich auf die anderen Stellungen in diesem Abschnitt konzentrieren, bis sie ein wenig mehr Erfahrung haben.

1. Mit ausgestreckten Beinen auf dem Boden sitzen. Mit der rechten Hand die Zehen des rechten Fußes greifen und mit der linken Hand die Zehen des linken Fußes. Dann so aufrecht wie möglich hinsetzen, ohne die Füße loszulassen.
2. Das rechte Bein anwinkeln. Den linken Fuß weiterhin mit der linken Hand festhalten. Beide Pobacken sollen auf dem Boden bleiben, das Gewicht gleichmäßig auf sie verteilt.
3. Den Kopf aufrecht halten und den linken Fuß anheben. Bei der kompletten Pfeil- und Bogenhaltung wird der Fuß zum Ohr geführt.
4. Die Position 3–5 tiefe Atemzüge lang halten. Mit der Zeit auf 10 Atemzüge steigern.
5. Lösen und mit dem anderen Bein wiederholen.

Feuerholzhaltung: Agnistambhāsana

Diese Position ist die vielleicht schwierigste der Sitzhaltungen. Anfänger müssen sich gut darauf vorbereiten. Bei der kompletten Stellung liegen die Beine wie zwei gestapelte Feuerscheite übereinander.

1. Mit ausgestreckten Beinen sitzen. Das rechte Bein anwinkeln und das rechte Fußgelenk unter dem linken Knie platzieren.
2. Das linke Bein anwinkeln und das linke Schienbein auf das rechte „stapeln". Falls das zu schwer für Sie ist, versuchen Sie, den rechten Fuß näher an Ihr Becken zu ziehen.
3. Das linke Knie mit der Hand sanft nach unten drücken. Nicht mit Gewalt bewegen und nichts erzwingen.
4. Die Position 5–10 Atemzüge lang halten. Dann lösen, die Beine tauschen und auf der anderen Seite wiederholen.

Sternenhaltung: Tarãsana

Wie die Göttin Tara, nach der diese Stellung benannt ist, erdet und stabilisiert sie den Körper und erzeugt im Inneren ein Gefühl der Sicherheit und Ruhe. Zusätzlich löst sie Verspannungen an den Innenseiten der Oberschenkel und ist damit eine perfekte Vorbereitungsübung auf das Meditieren.

1. Mit angewinkelten Beinen auf dem Boden sitzen. Die Fußsohlen aneinander legen und die Füße mit beiden Händen greifen.
2. Die Füße so weit wie möglich vom Körper weg schieben. Dabei bleiben die Fußsohlen zusammen. Beugen Sie sich dann nach vorn und versuchen Sie, den Kopf auf die Füße zu legen (falls möglich). Die Ellbogen kommen dabei an die Außenseiten der Beine.
3. Die Position 3–10 Atemzüge lang halten, dann lösen.

Kuhgesicht-Beinstellungen: Gomukhãsana

Diese Übung ist perfekt geeignet, um verspannte Hüften und Oberschenkel zu lockern. Die äußeren Hüftmuskeln werden intensiv gedehnt, sodass Sie beim Meditieren ruhiger und länger sitzen können. Wenn Sie die Übung beherrschen, können Sie sie gleichzeitig mit den Kuhgesicht-Armstellungen praktizieren (siehe Seite 90).

1. Beginnen Sie im aufrechten Kniesitz. Die Oberschenkel stehen im rechten Winkel zu den Unterschenkeln. Beide Beine und Füße sind zusammen.
2. Das rechte Knie vor das linke bringen, die Füße so weit wie möglich voneinander wegziehen und zwischen ihnen sitzen. Möglicherweise müssen oder möchten Sie ein Kissen zwischen Ihre Füße legen, um darauf zu sitzen.
3. Bleiben Sie in dieser Position, so lange es für Sie angenehm ist. Wechseln Sie dann die Beine und wiederholen Sie die Übung.

Taubheit und Kribbeln in den Füßen reduzieren

Viele Menschen, die gern meditieren möchten, leiden darunter, dass ihre Füße beim Sitzen einschlafen oder kribbeln. Das liegt daran, dass bei gekreuzten Beinen oft die Durchblutung beeinträchtigt wird, weil es entweder an Hüftmobilität fehlt *oder* die Muskeln durch ausgiebige sportliche Aktivitäten überentwickelt sind.

Ebenfalls können beim Sitzen Krämpfe in den Füßen und Beinen auftreten, vor allem in den Oberschenkelrückseiten, den Wadenmuskeln und den Achillessehnen. Auch das liegt häufig an mangelnder Beweglichkeit und/oder einer ausgeprägten Beinmuskulatur. Manchmal ist jedoch auch ein Mineralstoffmangel im Körper die Ursache für die Beschwerden. In diesem Fall essen Sie am besten mehr Lebensmittel, die Ihnen diese Nährstoffe liefern, zum Beispiel frisches Gemüse und Obst (besonders Bananen), Vollkornprodukte, Bohnen und Hülsenfrüchte – die auch aus anderen Gründen gesund sind.

Wenn Sie die folgenden Übungen regelmäßig praktizieren, verringern Sie die Wahrscheinlichkeit, dass bei längerem Sitzen Krämpfe, Kribbeln und/oder Taubheitsgefühle in Ihren Beinen und Füßen auftreten.

Falls Sie jedoch *immer wieder* unter Beschwerden in den Füßen und Beinen leiden, wenn Sie versuchen, zu meditieren, sollten Sie vor jeder Meditation unbedingt auch die vorbereitenden Aufwärmübungen für Beine und Füße machen (siehe Seiten 60–61).

Zehenhocke

Verkrampfen Ihre Füße und Zehen oft, wenn Sie länger sitzen? Dann sollten Sie diese Übung regelmäßig machen und am besten auch direkt vor dem Meditieren – um Ihre Beweglichkeit zu steigern und die Durchblutung in diesem Bereich zu verbessern.

1. Auf dem Boden oder einer Matte knien. Die Füße und Knie sind zusammen. Bei Bedarf können Sie ein Kissen oder gefaltetes Handtuch unter die Knie legen.
2. Das Becken anheben und auf alle zehn Zehen stellen (auch auf die kleinen).
3. Wieder auf die Fersen setzen. Verlagern Sie den Großteil Ihres Gewichts auf Ihre Fußballen. Falls das zu viel Druck auf die Knie ausübt, legen Sie ein gefaltetes kleines Handtuch in die Kniekehlen – also in den Bereich zwischen Oberschenkel und Waden.
4. Die Hände entspannt mit den Handflächen auf die Oberschenkel legen.
5. Die Position 1–3 Minuten lang halten. Dann das Gewicht nach vorn verlagern und die Zehen lösen. Stehen Sie dann auf und schütteln Sie Ihre Beine und Füße aus.

Adlerhaltung: Garudãsana

Diese Arm- und Beindrehung verbessert nicht nur die Durchblutung in den Waden, sondern verbessert das Gleichgewicht und die Koordination von Körper und Geist. All das hilft Ihnen, beim Meditieren bequemer sitzen zu können. Zusätzlich verleiht uns diese Position ein Gefühl der Harmonie und Freiheit.

1. Aufrecht hinstellen, die Füße parallel zueinander. Die Knie leicht beugen. Fixieren Sie mit dem Blick einen Punkt, der sich direkt vor Ihnen befindet und etwa zwei Meter entfernt ist.
2. Das Gewicht auf den linken Fuß verlagern, das rechte Bein heben und vor das linke führen. Die Zehen des rechten Fußes hinter das linke Schienbein haken. Falls Ihnen das schwerfällt, stellen Sie die Zehenspitzen des rechten Fußes an die Außenseite des linken Fußes.
3. Die Arme beugen und die Ellbogen vor das Brustbein führen. Den rechten Ellbogen auf den linken legen und die Handflächen aufeinanderlegen, sodass die Finger nach oben zeigen.
4. Die Übung 5–10 Atemzüge halten, dann lösen und die Seiten wechseln.

Baumhaltung: Vrkshāsana

Diese schöne Stellung verbessert die Konzentration und den Gleichgewichtssinn – körperlich und geistig. Sie stärkt außerdem die Beine und Füße, was das meditative Sitzen bedeutend erleichtert.

1. Aufrecht hinstellen. Die Beine sind durchgestreckt und die Arme hängen entspannt an den Seiten. Nehmen Sie wahr, wie sich Ihr Gewicht gleichmäßig auf die Füße verteilt. Schließen Sie die Augen und stellen Sie sich vor, wie die Energie zwischen Ihnen und der Erde fließt. Spüren Sie, wie sich diese Energie durch die Knie und Oberschenkel nach oben bis in den Rumpf ausbreitet.
2. Wenn Sie sich ausgeglichen und geerdet fühlen, heben Sie den rechten Fuß hoch und legen Sie ihn an die Innenseite des linken Oberschenkels, so weit oben, wie es geht. Drehen Sie das angewinkelte Knie nach außen. Es macht nichts, wenn Sie den Fuß nicht besonders hoch platzieren können – Sie können ihn auch an die Wade legen oder sogar mit den Zehen auf dem Boden an Ihr Fußgelenk lehnen. Wichtig ist, dass Sie nicht das Gleichgewicht verlieren.
3. Das linke Bein gerade und stabil halten. Die Handflächen vor der Brust aufeinanderlegen und mit dem Blick einen Punkt auf dem Boden in etwa einem Meter Entfernung fixieren.
4. Die Arme langsam über dem Kopf ausstrecken. Die Handflächen bleiben dabei aufeinander.
5. Die Position 3–10 tiefe Atemzüge lang halten. Stellen Sie sich vor, wie aus Ihrem rechten Fuß Wurzeln bis tief in den Boden wachsen, während Ihre Arme Sie nach oben zum Himmel ziehen. Machen Sie die Wirbelsäule ganz lang, entspannen Sie die Schultern und achten Sie darauf, dass sich die Oberarme nahe an den Ohren befinden.
6. Falls Sie Probleme haben, das Gleichgewicht zu halten, können Sie jederzeit die Hände wieder nach unten vor das Brustbein führen.
7. Wenn Sie genug haben, setzen Sie den Fuß wieder ab, senken Sie die Arme und wiederholen Sie die Übung auf der anderen Seite.

Herabschauender Hund: Adho-Mukha-Svanasana

Diese bekannte Yogastellung belebt den gesamten Körper, aber ganz besonders die Muskeln auf den Rückseiten der Beine. Außerdem lockert sie verspannte Füße und hilft vorbeugend, wenn Sie beim Sitzen mit gekreuzten Beinen häufig Krämpfe in den Füßen bekommen.

1. Im Vierfüßlerstand beginnen. Die Hände sind unter den Schultern und die Knie unter den Hüften. Die Zehen aufstellen und die Beine langsam strecken. Dabei das Becken heben und nach hinten drücken, während die Fersen so weit wie möglich auf den Boden kommen. Falls Sie die Fersen mühelos auf den Boden bringen, treten Sie ein Stück zurück, um die Dehnung stärker zu spüren.
2. Die Finger heben und spreizen, bevor Sie sie wieder auf den Boden setzen. Achten Sie darauf, dass das Gewicht gleichmäßig auf beiden Händen verteilt ist und dass auch alle Teile jeder Hand gleich stark belastet werden.
3. Diese Stellung fördert eine tiefe, volle Atmung. Halten Sie die Position anfangs 3 tiefe Atemzüge lang und steigern Sie die Dauer mit der Zeit allmählich auf 10–15 Atemzüge.
4. Um die Haltung zu lösen, mit den Füßen zu den Händen gehen und dann langsam, Wirbel für Wirbel, aufrichten, bis Sie wieder gerade stehen.

Berghaltung: Tādāsana

Wenn Sie diese grundlegende Yogastellung regelmäßig und korrekt ausgerichtet praktizieren, wird sich nicht nur Ihre Stehhaltung verbessern, sondern auch das Sitzen bei der Meditation wird sich angenehmer und stabiler anfühlen – auch in den Unterschenkeln und Füßen. Indem Sie versuchen, bei dieser Position das körperliche Gleichgewicht zu finden, wird auch der Geist die zum Meditieren benötigte Harmonie leichter finden.

1. Aufrecht hinstellen. Die Füße stehen hüftbreit auseinander, parallel zueinander und zeigen nach vorn. Die Arme hängen entspannt an den Seiten.
2. Das Gewicht auf den Füßen hin und her verlagern, bis Sie sich sicher sind, dass es gleichmäßig auf beiden Füßen verteilt ist.
3. Achten Sie darauf, dass jeder Teil jedes Fußes gleich stark belastet ist. Rollen Sie die Füße kurz von einer Seite auf die andere und stellen Sie sie dann wieder flach auf den Boden. Heben Sie nun die Zehen und spreizen Sie sie so weit wie möglich. Drücken Sie dann jede der zehn Zehen und gleichzeitig auch die Fersen in den Boden.
4. Stellen Sie sich vor, dass Ihre Füße in den Boden sinken und Wurzeln schlagen. Diese Wurzeln ziehen Energie aus der Erde und verteilen sie in Ihrem gesamten Körper.
5. Aktivieren Sie die Muskulatur Ihrer Beine, die gerade sind, ohne die Knie durchzustrecken.
6. Spüren Sie, wie Ihre Oberschenkelknochen ganz leicht nach hinten drücken, während das Steißbein nach vorn kippt. Vorsicht, dass Sie dabei kein Hohlkreuz machen.
7. Die Bauchmuskeln anspannen und die unteren Rippen leicht nach innen ziehen. Die Schulterblätter zusammenführen und spüren, wie sie nach unten gleiten. Die Schultern nach vorn, oben, hinten und unten kreisen und dann locker lassen. Dann auch die Kiefermuskeln bewusst entspannen.
8. Stellen Sie sich vor, wie Ihr Scheitel nach oben zieht. Das Kinn soll parallel zum Boden stehen, die Ohren befinden sich über den Schultern und die wiederum auf einer Linie mit den Hüften. Schließen Sie kurz die Augen, atmen Sie tief durch und verbinden Sie sich mit der Erde und dem Himmel.

4
ATEMÜBUNGEN, DIE DEN GEIST AUF DIE MEDITATION VORBEREITEN

„Wenn der Atem wandert und unregelmäßig kommt,
ist auch der Geist unstet, aber wenn der Atem still ist,
kommt der Geist zur Ruhe."
Hatha-Yoga-Pradípikã 2.2

„Ohne eine bewusste Atmung können sich keine Stabilität
und kein Verständnis für das Meditieren entwickeln."
Thich Nhat Hanh

Den Geist auf die Meditation vorbereiten:
EINE EINFÜHRUNG

Wenn Sie Ihren Körper soweit auf das Meditieren vorbereitet haben, dass Sie bequem sitzen können, sind nun Ihr Geist und sein endloses Gewirr aus Gedanken an der Reihe. Besonders wenn um uns herum Stille herrscht, plappert er munter drauflos. Je weniger Geräusche uns im Außen ablenken, desto lauter erscheinen uns die Gedanken.

DIE MACHT DES ATMENS

Um eine feste Grundlage für unsere Meditationspraxis zu entwickeln, kann der Atem ein äußerst wirkungsvolles Hilfsmittel sein. Kontrolliertes Atmen kann uns helfen, den Geist zu beherrschen und zu beruhigen. Es kann uns auch wachsamer und präsenter machen.

Damit Sie die enge Verbindung zwischen Atmung und Geist besser verstehen, stellen Sie sich kurz vor, dass Sie versuchen, einem undeutlichen oder sehr leisen Geräusch zu lauschen. Wahrscheinlich werden Sie ganz instinktiv langsamer atmen oder den Atem sogar anhalten, ohne dass Sie dazu aufgefordert wurden.

Der Atem ist die Schnittstelle zwischen Körper und Geist. Er reagiert auf Gefühle und Gedanken. Wenn Sie Ihren Atem kontrollieren, erzeugen und erleben Sie innere Ruhe. Wollen Sie, dass Ihr Geist friedlich ist, fangen Sie an, entspannter zu atmen.

Für die meisten Menschen besteht Yoga vor allem aus den Körperübungen, aber viele Yogis arbeiten auch intensiv mit ihrem Atem. Da sich die Gedanken auf die Atmung auswirken, schlussfolgern sie, dass umgekehrt auch die Art und Weise, wie man atmet, die Gedanken und damit auch auf die Fähigkeit, zu meditieren, beeinflusst.

WAS IST PRANAYAMA?

Eine Disziplin des Yoga besteht ausschließlich aus Übungen, die mithilfe des Atems den Geist und den Fluss der feinstofflichen Energien kontrollieren. Dieser Teilbereich des Yoga – und die dazugehörigen Atemübungen – wird *Pranayama* genannt. Das Sanskritwort bedeutet buchstäblich „Beherrschung des *Prana*".

In keiner westlichen Sprache gibt es ein Wort für *Prana*. Eine freie Übersetzung wäre „lebensnotwendige Luft" oder „Lebenskraft", aber präziser ist es, den Begriff *Prana* zu verwenden. *Prana* ist die feinstoffliche Energie, die durch den Körper fließt und uns am Leben erhält. Sie ist aber keine physikalische Kraft. In der chinesischen Medizin wird sie *Chi* genannt, in der japanischen Tradition *Ki*. In der Akupunktur, im Shiatsu und im Tai Chi wird ebenfalls mit *Chi*, *Ki* oder *Prana* gearbeitet.

DIE DREI STUFEN DER VOLLEN ATMUNG

Jeder volle Atemzug, den wir nehmen, sollte folgendermaßen ablaufen:

1. Beim Einatmen dehnt sich das Zwerchfell nach unten in die Bauchhöhle aus. Das nennt man auch den „unteren Atem".
2. Dann ziehen die Zwischenrippenmuskeln die Rippen auseinander, sodass die untersten (fliehenden) Rippen sich ausdehnen. Das ist der „mittlere Atem".
3. Zu guter Letzt bewegen sich der obere Lungenbereich und die Schlüsselbeine nach oben und nach außen. Das ist der „obere Atem".

Im Körper existiert das *Prana* in Form des Atems. Um es zu beeinflussen, sollten Sie also anfangen, die einzelnen Komponenten des Atmens – das Einatmen, das Ausatmen und die Atempause – bewusster wahrzunehmen und kontrolliert einzusetzen.

ATEMÜBUNGEN, DIE DEN GEIST BERUHIGEN

In diesem Kapitel finden Sie heraus, wie Sie Ihren Atem beobachten und kontrollieren, damit Sie Ihren Geist vor der Meditation mit seiner Hilfe beruhigen können.

Zuerst gebe ich Ihnen einige Tipps, wie Sie volle und tiefe Atemzüge nehmen, damit Sie die Muster und die Kapazität Ihres eigenen Atems kennenlernen. Auf diese Weise lernen Sie, wie Sie schlechte Angewohnheiten, wie etwa flaches Atmen oder das Atmen durch den Mund, erkennen und korrigieren können.

Wenn Sie diese Angewohnheiten abgelegt haben und optimal atmen, wenden Sie als nächstes die Reinigungsmethoden an (siehe Seiten 118–121), um sich auf die kommende Atemarbeit einzustellen. Sobald Sie sich mit ihnen vertraut gemacht haben, sind Sie bereit für den Hauptteil: Die *Pranayama*-Übungen, um Ihren Geist für die Meditation zu beruhigen (siehe Seiten 122–131).

Es gibt viele Meditationstechniken, die sich auf das Atmen konzentrieren. Bei manchen nimmt man den Atem bewusst wahr oder man hört ihm zu, bei anderen zählt man die Atemzüge. Auf den Seiten 128–131 finden Sie zum Einstieg eine kleine Auswahl dieser Techniken, unter anderem „Den Atem beobachten", „Sich den Geist als See vorstellen", „Atmen, um Ablenkungen zu überwinden" oder „Dem Atem zuhören".

Je öfter Sie diese Übungen machen, desto eher werden Sie feststellen, wie sich Ihr Atem, Ihr Herzschlag und Ihr Stoffwechsel verlangsamen – als Vorbereitung auf die Meditation. Sie können die Übungen auch dauerhaft als Konzentrationspunkt verwenden.

Den Atem auf die Meditation vorbereiten

Der Atem ist ein Instrument, das Ihnen helfen kann, den Geist zu beruhigen und zu klären, darum ist es wichtig, sich durch richtiges Atmen auf die Meditation vorzubereiten.

DURCH DIE NASE ATMEN

Sofern Sie nicht gerade erkältet sind oder sich sportlich betätigen, sollten Sie immer durch die Nase atmen, da sie Bakterien, Viren oder Schadstoffe filtert, bevor die Luft in den Körper gelangt. Die Natur hat die Nase mit diesem Verteidigungsmechanismus ausgestattet, damit wir möglichst saubere Atemluft zu uns nehmen.

Das Atmen durch die Nase schützt nicht nur die Lunge vor Reizstoffen, es befeuchtet auch die Luft, sodass die Schleimhäute nicht austrocknen. Die Schleimhäute, die das Innere der Nase, der Kehle und der Atemwege auskleiden, bilden die nächste Verteidigungslinie, da sie Staub und Bakterien mithilfe ihrer klebrigen Oberflächen einfangen. Wenn wir durch den Mund atmen, trocknen diese Schleimhäute jedoch aus.

VOLLSTÄNDIG IN DIE GANZE LUNGE ATMEN

Der Boden der Brusthöhle besteht aus einem flachen Muskel, dem Zwerchfell, das den Übergang zum Bauchraum bildet. Wenn sich das Zwerchfell nach unten ausdehnt, entsteht in der Brusthöhle ein Vakuum, das Luft einsaugt, wodurch wir einatmen. Entspannt sich das Zwerchfell, zieht es sich nach oben zusammen und drückt die Luft aus den Lungen hinaus: Das ist die Ausatmung.

Bei seiner Bewegung nach unten dehnt sich das Zwerchfell in die Bauchhöhle aus. Wenn wir richtig atmen, wölbt sich der Bauch dabei leicht nach vorn und die unteren Rippen weiten sich nach außen. Umgekehrt ziehen sich beim Ausatmen der Bauch, der Brustkorb und die Rippen zusammen.

Viele Menschen atmen eher flach, wodurch sich nur der obere Bereich der Lunge mit Luft füllt. Finden Sie heraus, ob Sie die volle Kapazität der Lunge nutzen: Legen Sie sich dazu rücklings auf den Boden oder auf einen anderen festen Untergrund. Die Beine sind leicht gespreizt und die Füße entspannt. Nehmen Sie lange, langsame, tiefe Atemzüge, sodass sich der Bauch beim Einatmen hebt und beim Ausatmen senkt. Konzentrieren Sie sich darauf, die Luft bis in den untersten Teil der Lunge zu ziehen. Falls Ihnen dieser „untere Atem“ (siehe Seite 115) schwerfällt, sollten Sie etwas mehr Zeit mit dieser Übung verbringen und sich angewöhnen, den unteren Lungenbereich einzusetzen.

DIE VOLLE LUNGENKAPAZITÄT NUTZEN

Die Lunge und das Herz befinden sich im Brustkorb, der von den Zwischenrippenmuskeln bewegt wird. Wenn Sie die Zwerchfellatmung beherrschen, können Sie überprüfen, ob Sie den „mittleren Atem" in seinem vollen Umfang nutzen.

Wählen Sie eine Sitzhaltung. Wichtig ist, dass der Rücken gerade gehalten wird, der Brustkorb aufgerichtet ist und die Schultern entspannt sind. Legen Sie nun eine Hand auf Ihren Bauch (im Bereich des Nabels) und die andere auf den unteren Brustkorb.

Visualisieren Sie die Lunge als zwei lange, dünne Ballons, die in Ihrem Brustkorb hängen. Stellen Sie sich vor, wie Sie tiefe Atemzüge nehmen und zuerst die Spitzen der Ballons mit Luft füllen. „Sehen" Sie dann, wie sich die Mitte der Ballons ausdehnt und schließlich auch der oberste Bereich. Atmen Sie mit diesem Bild vor Augen tief ein und spüren Sie, wie sich zuerst Ihr Bauch ausdehnt, dann die Rippen und zuletzt der obere Brustkorb. Fühlen Sie beim Ausatmen den umgekehrten Ablauf.

Prüfen Sie mithilfe Ihrer Hände, ob Sie auch vollständig und gleichmäßig atmen. Vielleicht müssen Sie diese volle Atmung (siehe Seite 115) erst einige Tage lang üben, denn Sie sollten sie beherrschen, bevor Sie zu den Atemtechniken übergehen.

DEM BRUSTKORB RAUM GEBEN

Um *Pranayama* und Meditation wirkungsvoll praktizieren zu können, muss der Brustkorb genug Spielraum haben, um sich vollständig auszudehnen. Wenn Ihr Oberkörper beim Sitzen in sich zusammensackt, können sich die Rippen nicht richtig bewegen.

Um dem vorzubeugen, richten Sie sich beim Sitzen manchmal ganz bewusst auf und ziehen Sie die Schultern nach unten und leicht nach hinten. Stellen Sie sich vor, wie sie zur Taille hinuntergleiten. Dabei hebt sich das Brustbein nach oben, was Ihnen ein befreiendes Gefühl der Leichtigkeit verleiht.

RHYTHMISCHES ATMEN

Die Lunge besteht aus Millionen von mikroskopisch kleinen, traubenförmigen Bläschen, in denen beim Atmen der lebenswichtige Gasaustausch stattfindet, vor allem während der kurzen Atempause zwischen dem Einatmen und dem Ausatmen, der sogenannten Atemretention. Um die Sauerstoffaufnahme des Körpers zu verbessern, zielen viele Pranayama-Übungen darauf ab, diese Pause zu verlängern, wie Sie in den Beispielen auf den folgenden Seiten erfahren werden.

Reinigungsmethoden für die Atemwege

Wie bereits erwähnt, ist die Nase für das Atmen gemacht: Sie filtert, erwärmt und befeuchtet die Luft, die in den Körper strömt, bevor sie in die Lungen gelangt. Viele Menschen haben jedoch eine verstopfte Nase und die ungesunde Angewohnheit, durch den Mund zu atmen. Falls das auch auf Sie zutrifft, leiden Sie wahrscheinlich unter einem trockenen, kratzigen Hals – und stecken sich in der Erkältungszeit besonders leicht an. Die folgenden Reinigungsmethoden helfen Ihnen, die Atemwege freizumachen und Sie auf die Pranayama-Übungen (ab Seite 123) vorzubereiten.

Jala Neti: Nasendusche mit Wasser

Jala Neti ist eine großartige Möglichkeit, die Nasengänge und Nebenhöhlen von Schmutz, Keimen und übermäßigem Schleim frei zu halten. Diese Methode hilft dabei, Krankheiten, die durch Mikroorganismen in der Luft übertragen werden, zu vermeiden.

Diese hygienische Nasenreinigung kann täglich durchgeführt werden, am besten morgens nach dem Zähneputzen, oder zweimal am Tag, wenn Sie spüren, dass eine Erkältung in Anmarsch ist. Vor allem Menschen, die unter Asthma, Allergien und anderen Beschwerden der Atemwege leiden, profitieren von dieser Praktik.

Dafür benötigen Sie ein Nasenspülkännchen mit einer Tülle, das Sie zum Beispiel in Yogaläden, Apotheken oder im Internet erwerben können. Meist bestehen diese Kännchen aus Porzellan, Edelstahl oder Plastik, aber Kupfer reinigt am besten.

Füllen Sie das Kännchen mit lau- oder zimmerwarmem, aber nicht mit kaltem Wasser. Für manche stellt sich die Frage, ob das Wasser gefiltert, aufgekocht oder aus der Flasche stammen muss oder ob man auch Leitungswasser nehmen kann. Das hängt davon ab, wie die Wasserqualität in Ihrer Region ist. Machen Sie *Jala Neti* am besten mit dem gleichen Wasser, das Sie auch trinken.

Geben Sie ungefähr einen halben Teelöffel feines Meersalz ins Wasser. Verwenden Sie nur natürliches Salz, kein „Tafelsalz", das oft Zusatzstoffe enthält. Feines Salz ist besser als grobes, da es sich schneller im Wasser auflöst.

Rühren Sie das Salz um, bis es sich aufgelöst hat. Kosten Sie das Wasser, um seine Salzigkeit zu prüfen: Es soll wie Tränen schmecken, nicht wie Meerwasser.

Beugen Sie sich über das Waschbecken, verschließen Sie die Kehle (wie beim Gurgeln), neigen Sie den Kopf nach links und gießen Sie das Wasser aus dem Kännchen vorsichtig in das rechte Nasenloch. Aufgrund der Schwerkraft wird es aus dem linken Nasenloch herausfließen. Achten Sie darauf, das Wasser nicht einzuatmen.

Schnäuzen Sie sich und spülen Sie dann die andere Seite: Den Kopf nach rechts neigen, das Wasser in das linke Nasenloch gießen und durch das rechte ausfließen lassen.

Trocknen Sie die Nasengänge nach jeder Spülung. Stellen Sie sich dazu breitbeinig und mit leicht gebeugten Knien hin und lassen Sie den Kopf nach unten hängen, sodass alle Wasserreste aus den Nasengängen fließen können. Menschen, die unter hohem Blutdruck leiden, sollten dabei vorsichtig sein.

Das beste Ergebnis erzielen Sie, wenn Sie nach Jala Neti die Übung Kapalabhati machen (Seite 120), dazwischen vielleicht Nasya (unten).

 **VARIANTE:** LEGEN SIE DEN KOPF IN DEN NACKEN, WENN SIE DAS SALZWASSER IN DIE NASE GIESSEN UND SPUCKEN SIE DAS WASSER DANN AUS. AUF DIESE WEISE WIRD DIE REINIGENDE WIRKUNG NOCH VERSTÄRKT. ABER VORSICHT: DAS WASSER NICHT EINATMEN.

Nasya: Nasenreinigung mit Öl

In der indischen Heilkunst Ayurveda gilt die Nase als Pforte zum Nervensystem und zum Bewusstsein. Die Praktik *Nasya*, also die Anwendung von Öl in der Nase, soll die Augen, die Ohren, das Gehirn, die Nebenhöhlen und die Kehle reinigen und kräftigen, was die Wirkung von *Pranayama* und Meditation verstärkt und den Geist klar macht.

Am besten eignet sich reines (ungeröstetes) Bio-Sesamöl. Wenn Sie möchten, können Sie es im Wasserbad leicht erwärmen. Für die Anwendung brauchen Sie eine Pipette.

Nasya kann täglich durchgeführt werden – oder so oft, wie Sie wollen. Der ideale Zeitpunkt ist morgens, nachdem Sie sich die Zähne geputzt, die Nase gespült und kurz einen warmen Waschlappen auf Nase und Nebenhöhlen gelegt haben.

Entfernen Sie den Waschlappen nach einigen Minuten und legen Sie sich auf den Rücken. Die Beine sind ausgestreckt und und leicht hochgelegt. Stützen Sie den Nacken mit einem zusammengerollten Handtuch, sodass der Kopf leicht nach hinten geneigt ist.

Verschließen Sie ein Nasenloch mit Ihrem Finger. Träufeln Sie dann mit der Pipette 2–8 Tropfen des Sesamöls in das offene Nasenloch und ziehen Sie es vorsichtig hoch. Machen Sie das auch auf der anderen Seite. Massieren Sie dann sanft den Bereich der Nase, Nebenhöhlen und Wangen, während Ihr Kopf noch in derselben Position bleibt.

Entspannen Sie ein paar Minuten lang, damit das Öl das Gewebe durchdringt. Drehen Sie sich dann zur Seite und spucken Sie das Öl, das in Mund und Hals geflossen ist, in ein Taschentuch.

Gurgeln Sie danach mit warmem Wasser.

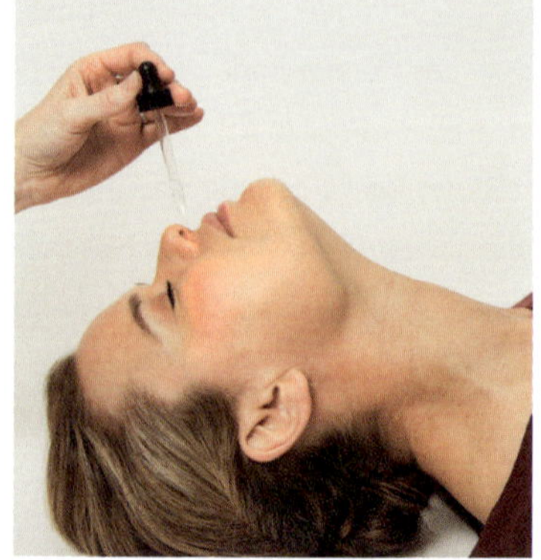

 **EINFACHE VARIANTE:** GEBEN SIE EINEN TROPFEN ÖL AUF IHREN KLEINEN FINGER ODER EIN WATTESTÄBCHEN, DAS SIE VORSICHTIG IN EIN NASENLOCH EINFÜHREN. MASSIEREN SIE SANFT DIE INNENSEITEN DER NASE, ABWECHSELND IM LINKEN UND RECHTEN NASENLOCH, BIS SIE IN JEDES DREI TROPFEN ÖL EINGEBRACHT HABEN.

 **VORSICHT:** MACHEN SIE NASYA NICHT, WENN SIE SCHWANGER SIND, MENSTRUIEREN, BETRUNKEN ODER BERAUSCHT SIND. AUCH WÄHREND EINES ASTHMAANFALLS ODER WENN SIE FASTEN, SOLLTEN SIE DAVON ABSEHEN.

Kapalabhati: Reinigender Atem

Diese anregende Übung reinigt die Atemwege und stärkt und verbessert gleichzeitig die Lungenkapazität. Der Begriff Kapalabhati besteht aus den Sanskritwörtern *kapala* („Schädel") und *bhati* („leuchten"). Praktiziert man Kapalabhati regelmäßig, soll es den gesamten Körper so gründlich reinigen, dass das Gesicht vor lauter Gesundheit und innerer Ausstrahlung zu leuchten beginnt.

Diese Methode macht die Nebenhöhlen frei und beseitigt angesammelten Schleim. Beim kraftvollen Ausatmen wird verbrauchte Luft aus den Lungen gepresst, sodass Platz für frische, sauerstoffreiche Luft entsteht. Die roten Blutzellen können nun wieder mehr Sauerstoff transportieren und unterstützen die Regeneration aller Körpergewebe.

Kapalabhati erfrischt und belebt auch den Geist. Macht man die Übung morgens, direkt nach Jala Neti (allein oder zusammen mit Nasya, Seiten 118–119), wird mehr Sauerstoff zugeführt, was sich als Hochgefühl, verbesserte Konzentration und stärkere geistige Klarheit bemerkbar macht. Und das wiederum hilft Ihnen, einen größeren Nutzen aus Ihrer Meditation zu ziehen.

Vorbereitendes Experiment

Bevor Sie Kapalabhati probieren, setzen Sie sich mit geradem Rücken hin und legen Sie eine Hand auf Ihren Bauch. Heben Sie die andere Hand, sodass Sie sich 15–20 Zentimeter vor Ihrem Mund befindet. Machen Sie eine lockere Faust; der Daumen zeigt nach oben. Stellen Sie sich vor, der Daumen ist eine Kerzenflamme, die Sie auspusten möchten.

Blasen Sie die „Kerze" schnell aus und spüren Sie, wie sich Ihr Bauch beim Ausatmen automatisch ruckartig einzieht. Schließen Sie dann den Mund und pusten Sie nun durch die Nase. Wiederholen Sie das 5–10-mal. Nachdem Sie dieses vorbereitende Experiment durchgeführt haben, sind Sie bereit, mit Kapalabhati zu beginnen.

Kapalabhati praktizieren

Setzen Sie sich mit geradem Rücken und am besten mit gekreuzten Beinen hin (siehe Seiten 42–43). Atmen Sie 2–3-mal tief durch die Nase ein und aus. Beginnen Sie nach dem nächsten Einatmen, rhythmisch mit dem Bauch zu pumpen, so wie Sie es beim Auspusten der imaginären Kerze gemacht haben.

1. Kraftvoll durch die Nase ausatmen, dabei die Bauchmuskeln rasch zusammenziehen. Durch die Bewegung des Zwerchfells nach oben in den Brustkorb hinein wird verbrauchte Luft ausgestoßen. Das Ausatmen soll kurz, aktiv und hörbar sein.
2. Die Bauchmuskeln locker lassen. Nicht stark einatmen, sondern die Lunge entspannt mit Luft füllen lassen. Das Einatmen soll still und passiv geschehen.
3. Eine Runde besteht aus 20–25 Pumpbewegungen. Mit der Zeit auf 30–50 steigern. Mit einer Ausatmung beenden. Dann die Atmung mit 2–3 tiefen Atemzügen wieder normalisieren. Täglich 2–3 Runden machen.

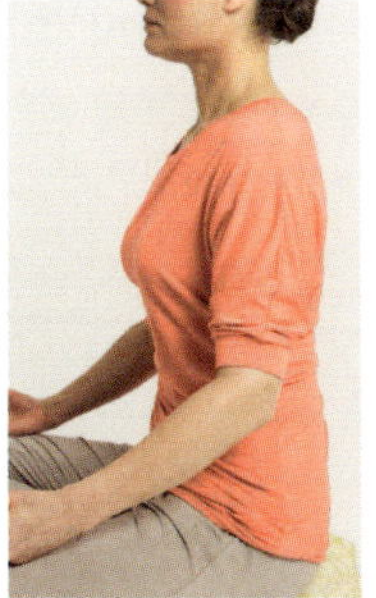

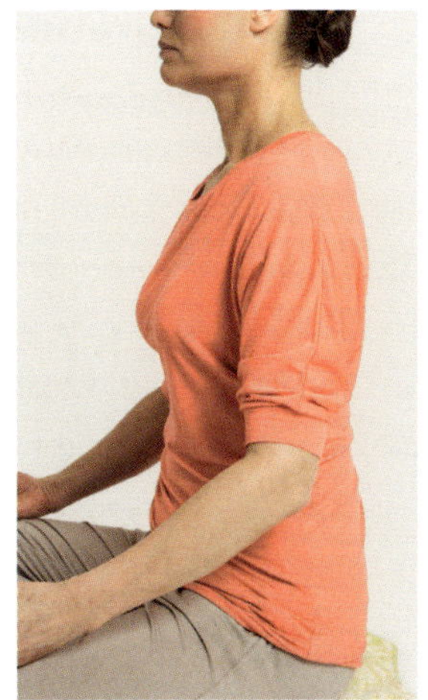

 **VORSICHT:** MACHEN SIE DIE ÜBUNG NICHT, WENN SIE SCHWANGER SIND ODER HOHEN BLUTDRUCK HABEN. DA DIE KORREKTE AUSFÜHRUNG DER ÜBUNG SCHWIERIG SEIN KANN, EMPFIEHLT ES SICH, SIE ANFANGS UNTER DER LEITUNG EINES QUALIFIZIERTEN LEHRERS ZU PRAKTIZIEREN.

Mehr Konzentration durch Atemausgleich

Machen Sie einmal das folgende, interessante Experiment: Halten Sie eine Hand unter ein Nasenloch und atmen Sie normal aus. Halten Sie die Hand dann unter das andere Nasenloch und atmen Sie erneut aus. Vielleicht merken Sie, dass der Luftstrom auf einer Seite stärker ist als auf der anderen. Sofern Sie nicht eine verstopfte Nase oder eine verkrümmte Nasenscheidewand haben, wechselt die stärkere Seite alle anderthalb bis zwei Stunden. Das können Sie nachprüfen, indem Sie den Versuch mehrmals am Tag wiederholen. Schreiben Sie jedes Mal die dominante Seite auf, um Ihren persönlichen Biorhythmus herauszufinden.

In der Yogatheorie steht die Nasenlochdominanz für die Funktionsweise der Gehirnhälften. Wie Sie wahrscheinlich wissen, wird die rechte Körperseite von der linken Gehirnhälfte gesteuert und umgekehrt. Wenn wir durch ein Nasenloch einatmen, wird der Riechnerv aktiviert, der wiederum den entsprechenden Gehirnbereich stimuliert.

Die linke Gehirnhälfte (zuständig für die rechte Körperseite) gilt als rational, mathematisch, logisch, warm und nach außen gerichtet. Im Yoga wird sie durch die Sonne oder Shiva symbolisiert und ähnelt dem Yang der chinesischen Tradition. Die rechte Gehirnhälfte (zuständig für die linke Körperseite) gilt als intuitiv, gleichzeitig, räumlich, kühl und nach innen gerichtet. Im Yoga wird sie durch den Mond oder Shakti verkörpert und in der chinesischen Tradition durch das Yin.

Es hat den Anschein, dass der Atem nur während des Meditierens gleichmäßig durch beide Nasenlöcher strömt. Aus diesem Grund entwickelten Yogis spezielle Atemtechniken, um den Geist ins Gleichgewicht zu bringen und die Meditation zu verbessern.

Bei den folgenden Übungen für die Wechselatmung atmen Sie abwechselnd durch jedes Nasenloch und regulieren gleichzeitig die Geschwindigkeit und die Stärke Ihres Atems. Manche Yogalehrer nennen diese Technik „Anuloma Viloma" („mit dem Strich, dann gegen den Strich"), andere bezeichnen sie als „Nadi Shodhana" („Reinigung der Meridiane").

Am besten praktizieren Sie die Wechselatmung direkt vor dem Meditieren. Wählen Sie eine der vier Varianten der folgenden Übung, je nachdem, welche am besten zu Ihrem Erfahrungsgrad passt. Anfänger sollten mit der Atmung durch ein Nasenloch beginnen und sich langsam durch die Übungen vorarbeiten.

VISHNU-MUDRA

Zusammen mit der Wechselatmung wird oft eine bestimmte Handgeste verwendet: das Vishnu-Mudra. Beugen Sie den Zeige- und Mittelfinger der rechten Hand. Halten Sie dann das rechte Nasenloch mit dem Daumen der rechten Hand zu und das linke Nasenloch mit ihrem Ring- und kleinen Finger, wenn es die Anleitung verlangt. Wechseln Sie nie die Hände, auch nicht, wenn Sie Linkshänder sind.

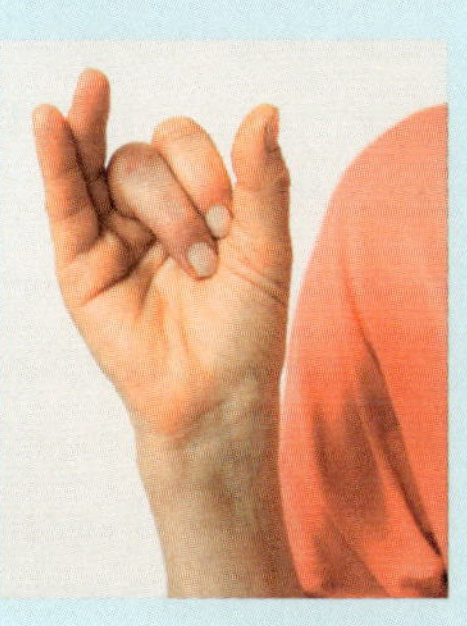

Atmung durch ein Nasenloch

Wenn Sie ein Pranayama-Anfänger sind, beginnen Sie am besten mit dieser einfachen Variante der Übung. Setzen Sie sich in Ihrer bevorzugten Meditationshaltung hin. Der Rücken ist gerade und der Mund ist geschlossen.

1. Das rechte Nasenloch mit dem Daumen der rechten Hand zuhalten. Komplett durch das linke Nasenloch einatmen. Bis vier zählen, während sich die Lunge füllt. Dann komplett ausatmen und dabei bis acht zählen. Achten Sie darauf, dass die ganze Luft aus der Lunge strömt. Wiederholen Sie das 10-mal.
2. Dann das rechte Nasenloch öffnen und das linke Nasenloch mit dem Ring- und dem kleinen Finger der rechten Hand zuhalten. Tief durch das rechte Nasenloch einatmen und dabei bis vier zählen. Dann komplett ausatmen und bis acht zählen. Wieder die ganze Luft aus der Lunge atmen und 10-mal wiederholen.
3. Danach die Hand entspannen und normal atmen.

Einfache Wechselatmung

Nachdem Sie einige Tage lang die Atmung durch ein Nasenloch geübt haben, können Sie diese etwas fortgeschrittenere Übung machen. Setzen Sie sich mit geradem Rücken in Ihrer gewählten Meditationshaltung hin, am besten mit gekreuzten Beinen.

1. Mit der rechten Hand das Vishnu-Mudra machen (siehe oben).
2. Zuerst das rechte Nasenloch mit dem Daumen der rechten Hand verschließen und durch das linke Nasenloch einatmen, während Sie bis vier zählen.
3. Die Seiten wechseln, sodass nun der kleine und der Ringfinger der rechten Hand

das linke Nasenloch zuhalten und Sie durch das rechte Nasenloch ausatmen, während Sie bis acht zählen.

4. Dann durch das rechte Nasenloch einatmen und bis vier zählen.
5 Die Seiten wechseln, sodass wieder der Daumen das rechte Nasenloch zuhält. Durch das linke Nasenloch ausatmen und bis acht zählen. Das ist eine Runde.
6. Machen Sie möglichst 10 Runden täglich und nehmen Sie dabei volle Atemzüge.
7. Üben Sie die einfache Wechselatmung, bis Sie das Gefühl haben, sie zu beherrschen. Dann können Sie zur nächsten Schwierigkeitsstufe übergehen und auch eine Atempause einbauen (siehe unten).

Eine Atempause einbauen

Wenn Sie mit der einfachen Wechselatmung gut vertraut sind, können Sie bei der Übung auch eine Atempause einlegen.

Sie macht nicht nur den Fluss des Atems gleichmäßiger, beruhigt auch Gefühle, baut Stress ab und bereitet den Geist auf die Meditation vor. Gleichzeitig werden dadurch Körper und Geist belebt. Wenn Sie diese Übung regelmäßig machen, werden Sie sich wahrscheinlich schon bald energetisch viel geerdeter fühlen.

1. Mit der rechten Hand das Vishnu-Mudra machen (siehe Seite 123). Das rechte Nasenloch mit dem Daumen zuhalten, durch das linke einatmen und bis vier zählen.
2. Dann mit dem kleinen und dem Ringfinger auch das linke Nasenloch verschließen. Der Daumen hält weiterhin das rechte Nasenloch zu. Den Atem anhalten und bis acht zählen.
3. Den Daumen loslassen und durch das rechte Nasenloch ausatmen, während Sie bis acht zählen.
4. Nicht die Seiten wechseln. Einfach durch das rechte Nasenloch wieder einatmen und dabei bis vier zählen.
5. Beide Nasenlöcher zuhalten und bis acht den Atem anhalten.
6. Das linke Nasenloch öffnen und ausatmen, während Sie bis acht zählen.
7. Das ist eine Runde. Versuchen Sie, täglich 10 Runden zu praktizieren.
8. Wenn Sie das Gefühl haben, die Übung zu beherrschen, können Sie zur letzten Stufe der Wechselatmung übergehen, nämlich zur vollständigen Wechselatmung (siehe gegenüberliegende Seite).

Vollständige Wechselatmung

1. Setzen Sie sich bequem hin. Machen Sie mit der rechten Hand das Vishnu-Mudra (siehe Seite 123) und atmen Sie komplett aus.

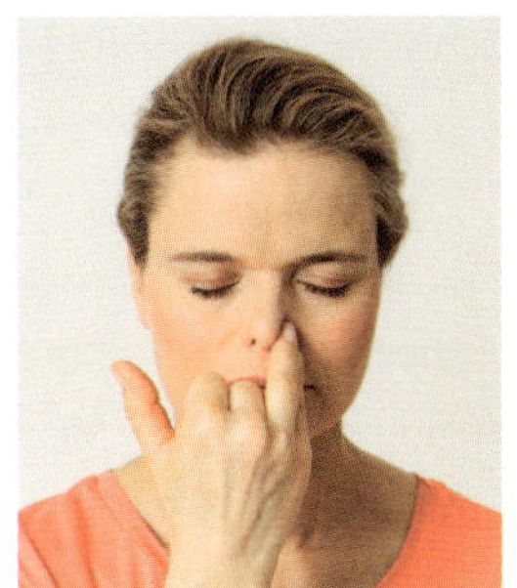

2. Das rechte Nasenloch mit dem Daumen der rechten Hand zuhalten und durch das linke ausatmen, während Sie bis vier zählen.
3. Beide Nasenlöcher sanft zuhalten und den Atem anhalten, während Sie bis 16 zählen (die Dauer ist viermal so lang wie das Einatmen).
4. Den Daumen vom rechten Nasenloch nehmen. Das linke bleibt vom Ring- und kleinen Finger verschlossen. Durch das rechte Nasenloch ausatmen und bis acht zählen (die Dauer ist doppelt so lang wie das Einatmen).
5. Das linke Nasenloch bleibt zu. Durch das rechte einatmen und bis vier zählen.
6. Beide Nasenlöcher verschließen und den Atem bis 16 anhalten.
7. Das linke Nasenloch öffnen und ausatmen, während Sie bis acht zählen. Das rechte Nasenloch bleibt weiterhin vom Daumen verschlossen.
8. Das ist eine Runde. Versuchen Sie, jeden Tag mindestens 10 Runden zu machen. Falls das anfangs zu schwer ist, steigern Sie die Anzahl allmählich mit der Zeit.

VARIANTE: JE BESSER SIE WERDEN, DESTO WEITER KÖNNEN SIE ZÄHLEN, ABER DAS VERHÄLTNIS VON 1:4:2 DARF NICHT VERÄNDERT WERDEN: FÜR JEDES MAL ZÄHLEN BEIM EINATMEN WIRD DER ATEM VIERMAL SO LANG GEHALTEN UND AUSGEATMET WIRD DOPPELT SO LANG, WIE IM BEISPIEL OBEN 4–16–8.

VORSICHT: MACHEN SIE DIESE ÜBUNG NICHT, WENN SIE SCHWANGER SIND, SONDERN ÜBEN SIE NUR DIE WECHSELATMUNG OHNE ATEMPAUSE.

Sinnesentzug für bessere innere Konzentration

Die meisten Menschen haben das Gefühl, dass ihr Gehirn ständig von einem Sinnesreiz zum nächsten springt. Dadurch befindet sich das Bewusstsein in ständiger Unruhe, was das Meditieren erschwert. Gedanken können den Geist wie endlose Wellen unaufhörlich aufwühlen. Die folgenden Übungen sollen daher Ihre innere Konzentration stärken.

Bienenatmung: Bhramari

Das regelmäßige Praktizieren der Atemübung *Bhramari* kann in Ihnen ein starkes Gefühl des inneren Friedens erzeugen. Negative Tendenzen, wie etwa Selbstzweifel oder der Drang, über andere Menschen zu lästern, verschwinden, während positive Fähigkeiten, zum Beispiel Konzentration, Gedächtnis und Selbstvertrauen, viel stärker werden.

Bhramari soll den Geist von seinem negativen „Geschwätz" befreien und wird Sie darauf vorbereiten, Ihre eigene Stimme zu entdecken. Zu Beginn kann es sein, dass sich Ihr Körper wärmer anfühlt, da die Übung die Durchblutung anregt.

1. Sitzen Sie bequem und gerade in Ihrer bevorzugten Meditationshaltung (siehe Seiten 42–48). Achten Sie darauf, dass Bauch und Brust nicht eingeengt sind.
2. Die Handflächen auf die Knie legen. Der Kopf soll aufrecht bleiben und die Muskeln im Hals- und Nackenbereich sind entspannt.
3. Der Mund ist geschlossen, die Lippen liegen locker aufeinander. Den Rachen anspannen und kraftvoll durch beide Nasenlöcher einatmen. Machen Sie mit dem weichen Gaumen (am Übergang zur Kehle) ein vibrierendes Schnarchgeräusch, um den Hals zu energetisieren. Für manche klingt es wie ein Räuspern. In Yogatexten wird es mit dem Summen einer indischen schwarzen Hummel oder einer männlichen Biene verglichen.
4. Wenn Sie bereit sind, atmen Sie durch beide Nasenlöcher aus und summen dabei mit hohem Ton „mmmm", wie eine kleine Honigbiene. Das Summen während Sie atmen reguliert den Atem und ermöglicht ein längeres Ausatmen. Versuchen Sie, die gesamte Luft aus der Lunge zu atmen.
5. Machen Sie das 3–5-mal. Fällt Ihnen das schnarchende Einatmen schwer, atmen Sie erst nur summend aus und sagen Sie dabei ein Wort, das auf „m" endet, etwa „summ" oder „OM", und halten Sie den „M"-Ton so lange wie möglich.
7. Wenn Sie fertig sind, schließen Sie Ihre Augen und sitzen Sie 3–10 Minuten lang still da. Atmen Sie leise und spüren Sie die beruhigende Wirkung des Summens.

Die Sinne versiegeln: Shanmukhi-Mudra

Das Shanmukhi-Mudra hilft Ihnen dabei, Reize aus dem Außen zu verringern. Diese Technik verbessert Ihre Fähigkeit, Pratyahara zu praktizieren (siehe Seite 164) und ist besonders nützlich für Menschen, deren Geist übermäßig aktiv ist und die durch eine Reduzierung von Sinneseindrücken ein Gefühl der inneren Ruhe entwickeln möchten.

Das Sanskritwort *shan* bedeutet „sechs“ und *mukhi* bedeutet „Gesicht“. Konkret bedeutet das, dass Sie die sechs Zugänge des Gesichts, durch die Reize von außen ins Bewusstsein dringen, verschließen – also die zwei Ohren, die zwei Augen, die Nase und den Mund. Waschen Sie Ihre Hände und Ihr Gesicht, bevor Sie mit der Übung beginnen.

Manchen Menschen fällt diese Methode schwer, aber wenn Sie dranbleiben, werden Sie mit einem Gefühl des tiefen inneren Friedens und Wohlbefindens belohnt.

1. Setzen Sie sich in Ihre gewählte Meditationshaltung. Der Rücken ist gerade und die Augen sind geschlossen. Achten Sie einen Moment lang ganz bewusst auf die Bewegungen Ihres Atems.
2. Legen Sie dann die Hände auf Ihr Gesicht, sodass Sie je einen Daumen in ein Ohr stecken können. Berühren Sie dann ganz sanft mit jedem Zeigefinger eines Ihrer geschlossenen Augenlider.
3. Üben Sie mit den Mittelfingern leichten Druck auf jede Seite der Nase aus. Auf diese Weise riechen Sie weniger, können aber dennoch atmen.
4. Legen Sie die Ringfinger auf die Oberlippe und drücken Sie die Unterlippe mit den kleinen Fingern sachte nach oben, sodass der Mund zugehalten wird.
5. Achten Sie darauf, dass das Gesicht und die Kiefermuskeln während dieser Übung ganz entspannt bleiben. Die Backenzähne sollen sich nicht berühren. Atmen Sie ruhig durch die Nase ein und aus, während sich Ihr Geist nach innen wendet.
6. Je stärker sich sich auf Ihr Inneres konzentrieren, desto besser werden Sie Ihren Atem kontrollieren können. Sitzen Sie 3–5 Minuten lang so da. Senken Sie dann Ihre Hände und beginnen Sie mit Ihrer Meditation.

Vorbereitung auf die Atemvisualisierung

Wenn Sie sich Zeit nehmen, um bewusst Ihren Atem zu beobachten, werden Sie nicht mehr so viel Energie für äußere Ablenkungen verbrauchen müssen. Nachdem Sie Kapalabhati (Seitee 120) und die Wechselatmung (Seiten 123–125) praktiziert haben, kann es äußerst nützlich sein, eine der folgenden Atemübungen zu machen, um in einen meditativen Zustand zu gelangen.

Den Atem beobachten

- Setzen Sie sich in Ihrer bevorzugten Meditationshaltung hin. Der Rücken ist gerade und die Augen sind geschlossen. Nehmen Sie 2–3 lange, übertrieben tiefe Atemzüge.
- Achten Sie dann nicht mehr auf Ihren Atem und hören Sie auf, ihn zu kontrollieren. Lassen Sie ihn so schnell oder so langsam sein, wie er ist. So tief oder so flach, wie er sein möchte. Beobachten Sie einfach nur, wie er in Sie hinein- und herausfließt.
- Nehmen Sie wahr, wie er in Ihre Nasenlöcher strömt und den Rachen hinunterfließt. Stellen Sie sich den Weg vor, den der Atem durch die Luftröhre in die Bronchien zurücklegt, bevor er die Lungenbläschen füllt.
- Spüren Sie die kurze Pause, bevor das Einatmen zum Ausatmen wird. Fühlen Sie dann, wie der Atem die Lunge verlässt, durch den Rachen nach oben fließt und durch die Nasenlöcher wieder aus dem Körper strömt.
- Saugen Sie mit jedem Einatmen das Leben voller Freude in sich auf.
- Lassen Sie mit jedem Ausatmen aufgestaute Gefühle und Unreines entweichen.

NEHMEN SIE BEWUSST WAHR, WIE SICH IHR GEIST ALLMÄHLICH IMMER MEHR BERUHIGT, JE LANGSAMER DER ATEM WIRD.

FALLS IHRE GEDANKEN ABSCHWEIFEN, RICHTEN SIE SIE IMMER WIEDER SANFT AUF IHREN ATEM. DER ATEM IST DER NATÜRLICHSTE KONZENTRATIONSPUNKT. STIMMEN SIE IHREN GEIST UND ALLE SINNE SO LANGE ES FÜR SIE ANGENEHM IST AUF IHREN ATEM EIN.

„Wir können den Geist so sehr zu einem stillen Gewässer machen, dass sich andere um uns sammeln, um sich darin zu spiegeln und dank unserer Ruhe einen Moment lang ein klareres, vielleicht sogar intensiveres Leben führen."

W. B. Yeats

Sich den Geist als See vorstellen

- Setzen Sie sich in Ihrer bevorzugten Meditationshaltung hin, schließen Sie die Augen und stellen Sie sich vor, Ihr Geist ist ein See, auf dem Ihre Gedanken Wellen schlagen.
- Auf den ersten Blick erscheinen all diese Gedanken wichtig und Ihrer Aufmerksamkeit wert. Aber je genauer Sie hinschauen oder je mehr Sie sie besänftigen wollen, desto mehr Gedanken erzeugen Sie. Achten Sie daher nicht mehr auf die Wellen, sondern konzentrieren Sie sich auf den Geist selbst – der stille See unter den Wellen.
- Stellen Sie sich vor, jemand hat einen Diamanten in den See geworfen. Man kann ihn kaum sehen, da die Wellen so viel Schlamm aufgewirbelt haben.
- Um den Diamanten am Grund des Sees sehen zu können, lassen Sie Ihren Atem ganz langsam und ruhig werden, damit keine weiteren Wellen die Oberfläche kräuseln.
- Konzentrieren Sie sich darauf, den Diamanten zu erkennen, und lassen Sie die Wellen und den Schlamm zur Ruhe kommen.
- Sehen Sie, wie das Wasser des Sees klar wird. Spüren Sie, wie es ruhig wird. Tauchen Sie nun in diese Stille ein.
- Verscheuchen Sie andere Gedanken nicht. Je mehr Sie versuchen, sie loszuwerden, desto stärker werden Sie wieder erscheinen und Ihre Energie rauben. Konzentrieren Sie sich stattdessen mit all Ihren Sinnen auf die Stille. Stellen Sie sich vor, dass Sie die Stille sehen, riechen, schmecken, berühren und auch hören können.
- Ignorieren Sie, was gerade sonst so in Ihrem Geist abläuft und richten Sie Ihre Aufmerksamkeit ausschließlich auf den Diamanten. Alle anderen Gedanken werden sich nach und nach zerstreuen.
- Erst wenn der See (Ihr Geist) zur Ruhe gekommen ist, werden Sie den Diamanten (Ihre innere Ruhe) klar und deutlich sehen können.

Atmen, um Ablenkungen zu überwinden

- Setzen Sie sich in Ihre bevorzugte Meditationshaltung. Der Rücken ist gerade und die Augen und der Mund sind geschlossen.
- Atmen Sie durch die Nase, ohne den Atem zu kontrollieren. Beobachten Sie den Atem und spüren Sie, wie er sanft in die Nasenlöcher hinein- und wieder herausfließt.
- Nehmen Sie den Anfang, die Mitte und das Ende jedes Einatmens wahr. Wenn Sie ganz eingeatmet haben, achten Sie darauf, wie der Atem kurz innehält (eine kurze Pause, wenn die Lungen mit Luft gefüllt sind) und dann wieder nach draußen strömt.
- Beobachten Sie den Anfang, die Mitte und das Ende jedes Ausatmens. Achten Sie auf die kurze Pause am Ende, bevor das nächste Einatmen beginnt. Konzentrieren Sie sich auf diesen ständigen Kreislauf des Atmens.
- Die Atemzüge können lang oder kurz sein; Sie müssen sie nicht verändern. Wichtig ist, dass Sie den Atem regelmäßig fließen lassen – und ihn beobachten.
- Achten Sie beim Beobachten auf die unterschiedlichen Eigenschaften des Ein- und des Ausatmens – sowie jene der beiden Pausen am jeweiligen Ende.
- Wenn Sie merken, dass Ihre Aufmerksamkeit vom Atem abschweift, nehmen Sie einfach nur die unbeständige und veränderliche Art dieser Sache wahr und richten Sie Ihre Aufmerksamkeit sanft, aber bestimmt wieder auf den Atem.
- Falls ein unangenehmes Gefühl auftaucht, etwa ein Juckreiz, eine Verspannung oder ein Schmerz, und Ihre Aufmerksamkeit auf sich zieht, atmen Sie einfach in den betreffenden Bereich und stellen Sie sich vor, wie Sie mit jedem Ausatmen ein wenig von diesem Gefühl entweichen lassen. Lenken Sie Ihre Aufmerksamkeit anschließend wieder sanft, aber bestimmt auf Ihren Atem.
- Wenn einer Ihrer Sinne einen Sinnesreiz verarbeitet, etwa den Verkehrslärm oder Stimmen von draußen hört, nehmen Sie den Eindruck einfach wahr und lenken Sie Ihre Aufmerksamkeit dann wieder sanft, aber bestimmt auf Ihren Atem und beobachten Sie, wie er in Sie hinein- und hinausfließt.
- Setzen Sie sich wenn möglich jeden Tag einige Minuten lang ruhig hin und machen Sie diese oder eine der anderen Atemübungen aus diesem Abschnitt – als Vorbereitung auf das regelmäßige Meditieren.

Dem Atem zuhören

- Sitzen Sie mit geradem Rücken in Ihrer gewählten Meditationshaltung.
- Schließen Sie die Augen und nehmen Sie ein paar übertriebene Atemzüge. Achten Sie dann nicht mehr auf den Atem und lassen Sie ihn in seinen natürlichen Rhythmus fallen – so langsam oder schnell, so tief oder flach wie er sein möchte.
- Steuern Sie den Atem nicht, aber nutzen Sie sein Geräusch als Konzentrationspunkt.
- Richten Sie Ihre Aufmerksamkeit auf Ihren Rachen und lauschen Sie dem Klang Ihres Atems, der durch diesen Bereich strömt.
- Beim Einatmen macht der Atem das Geräusch „So" und beim Ausatmen klingt er wie „Ham". Im Sanskrit ist „So-Ham" ein bedeutungsvolles Mantra, das das Individuelle (den Mikrokosmos) mit dem Universellen (dem Makrokosmos) verbindet. So lange wir leben, wiederholt unser Atem dieses Geräusch ohne Unterlass.
- Das ist der natürliche Klang des Atems. Sprechen Sie ihn nicht aus, sondern hören Sie nur Ihrem Atem zu, wie er diese Töne von ganz allein wiederholt.
- Allmählich kommt Ihr Geist zur Ruhe. Spüren Sie, wie er langsamer und friedlicher wird, während er sich mit dem natürlichen Rhythmus und Klang Ihres Atems verbindet.
- Lauschen Sie weiter Ihrem Atem. Wenn Ihre Gedanken abschweifen, richten Sie Ihre Aufmerksamkeit einfach wieder auf Ihren Atem.
- Setzen Sie sich wenn möglich jeden Tag eine Zeit lang ruhig hin und machen Sie diese oder eine der anderen Atemübungen aus diesem Abschnitt – konzentrieren Sie sich komplett auf den natürlichen Klang Ihres Atems. Sie werden sich belebter, mit der Welt mehr im Reinen und besser auf die Meditation vorbereitet fühlen.

5
ERNÄHRUNG UND LEBENSWEISE FÜR BESSERES MEDITIEREN

„Stelle deine Ernährung auf mehr natürliche Lebensmittel um und du wirst merken, dass du in ein paar Monaten still sitzen kannst."
Sadhguru

„Einfach leben und erhaben denken."
Swami Sivananda

Ernährung und Lebensweise:

EINE EINFÜHRUNG

Unsere Ernährung und Lebensweise hat einen großen Einfluss darauf, ob es uns gelingt, regelmäßig zu meditieren. Die Nahrung, die wir essen, und die Aktivitäten, denen wir nachgehen, nehmen nicht nur unseren Körper und unsere Zeit in Anspruch, sondern auch unseren Geist. Sie bestimmen, ob wir gelassen und konzentriert sein können. Damit uns das Meditieren einen Nutzen bringt, sollten wir einen leichten, gesunden Körper und einen leichten, gesunden Geist besitzen.

Ungesunde Essgewohnheiten und ein destruktiver, auszehrender Lebensstil rauben uns den inneren Frieden. Wie oft haben Sie schon versucht, zu meditieren, waren jedoch zu müde oder lethargisch dafür – oder konnten das Gewirr aus durcheinanderquatschenden Gedanken nicht abschütteln. Vielleicht war Ihnen das in diesem Moment nicht bewusst, aber möglicherweise lag es an dem, was Sie gegessen hatten oder an anderen Einflüssen Ihres normalen Alltags. Wenn Sie wissen, wie sich Ihre Ernährung und Lebensweise auf die Meditation auswirken, können Sie Ihre Gewohnheiten vielleicht verändern und ein gehaltvolleres, erfüllteres Leben führen.

Je gehaltvoller Ihr Leben ist, desto leichter werden Sie meditieren. Und je öfter Sie meditieren, desto mehr entwickeln Sie ein Gespür dafür, was Ihnen und Ihrer Meditationspraxis guttut. Dann wird es Ihnen auch leichter fallen, störende, belastende oder negative Aktivitäten oder Nahrungsmittel aus Ihrem Alltag zu verbannen.

DER GEIST IST, WAS MAN ISST

Es besteht ein enger Zusammenhang zwischen dem, was und wie wir essen, unserer körperlichen und geistigen Gesundheit und unserer Fähigkeit, zu meditieren: Gewöhnen Sie sich an, das Essen nicht nur als Nahrung für den Körper, sondern auch für den Geist zu betrachten, und Sie werden einen großen Unterschied merken. Manche Lebensmittel stecken voller Vitalität und andere machen unseren Geist träge oder überreizt (siehe Seiten 135–137). Schon bald werden Sie merken, was Ihnen Energie gibt und was Sie lähmt.

Je stärker Sie den energetischen Nutzen der Nahrung berücksichtigen, desto bewusster können Sie sich ernähren. Anfangs fällt Ihnen das vielleicht schwer, da es Ihnen mehr um Sättigung geht oder weil Sie es gewohnt sind, einfach zu essen, was schnell geht und schmeckt, ohne sich Gedanken zu machen, wie sich Ihre Wahl auf Ihre geistigen Fähigkeiten auswirkt. Ich hoffe, dass Sie auf den folgenden Seiten viele nützliche Informationen finden und verstehen, wie Ernährung und Meditation zusammenhängen.

Die Energien der Nahrung

In den meisten indischen philosophischen und medizinischen Lehren, unter anderem im Yoga und Ayurveda, werden drei grundlegende „Eigenschaften der Natur" unterschieden, die im Sanskrit *Gunas* genannt werden. Sie kommen in unterschiedlichen Maßen überall vor – auch im Körper, im Geist, in den Gefühlen, in unserem Tun und im Essen:

- ***Sattva***: Die Eigenschaft von Licht, Reinheit und Gleichgewicht, die den Geist beruhigt und die uns Gesundheit und Energie spendet, sodass wir konzentriert meditieren können.
- ***Rajas***: Die Eigenschaft von Bewegung, Aktivität und Leidenschaft, die den Geist stimuliert und viele Gedanken erzeugt, was das Meditieren erschwert.
- ***Tamas***: Die Eigenschaft von Dunkelheit, Trägheit und Faulheit, die uns beim Meditieren einschlafen lässt – oder dazu führt, dass wir gar nicht erst meditieren.

Diese drei Eigenschaften existieren immer zusammen. Sie interagieren miteinander und verändern sich ständig. Wer gerne meditieren möchte, sollte am besten die Eigenschaft *Sattva* in sich verstärken, um die Gesundheit des Körpers und die Gelassenheit des Geistes zu fördern. Als Einstieg hilft es, herauszufinden, welches *Guna* in der Nahrung, die Sie regelmäßig zu sich nehmen, das vorherrschende ist.

SATTVISCHE LEBENSMITTEL

Sattvische Lebensmittel (siehe Tabelle auf Seite 137) sind in der Regel reine, gesunde und natürliche Lebensmittel, die den Körper nähren, den Geist beruhigen, den Verstand schärfen und positive Energie, Vitalität, geistige Klarheit und Gelassenheit fördern, was das Meditieren erleichtert. Sie erhöhen auch unser Bewusstsein, wodurch wir positiver handeln, tiefere Meditationszustände erreichen und verborgenes Potenzial und Kreativität erschließen können.

RAJASISCHE LEBENSMITTEL

Rajasische Lebensmittel (siehe Tabelle auf Seite 137) überreizen den Körper und regen ihn auf. Oft erzeugen sie Rastlosigkeit, Wut, Neid, Gier, Eifersucht, Spannungen, Stress und andere negative Gefühle – sodass wir nicht abschalten können, um zu meditieren. Zu den rajasischen Lebensmittel gehören industriell verarbeitete und zu salzige oder würzige Lebensmittel sowie künstliche Aromen.

Menschen, bei denen *Rajas* überwiegt, essen oft unterwegs, hastig, ohne gut zu kauen. Oft leiden sie daher unter schlechter Verdauung und anderen Beschwerden.

Eine Sitzmeditation kann helfen, die überstimulierende Wirkung von *Rajas* aufzuheben. Verspüren Sie oft Frust oder Wut, wenn Sie versuchen, Ihren Geist zu beruhigen? Probieren Sie eine Liebende-Güte-Meditation aus (Seite 167) oder eignen Sie sich die „vier Tugenden" an (siehe Kasten auf Seite 17).

TAMASISCHE LEBENSMITTEL

Tamasische Lebensmittel (siehe Tabelle gegenüber) stumpfen ab und machen uns schwerfällig und träge. Dann erscheint alles schlimmer, als es ist (was zu Depressionen führen kann) und wir sind zu müde, um zu meditieren. *Tamas* kommt in alten, verdorbenen, geschmacklosen oder zu oft aufgewärmten Lebensmitteln vor.

Eine stark tamasische Ernährung erzeugt Gleichgültigkeit, einen Mangel an höheren Idealen und Lebenszielen und oft Traurigkeit, Hilflosigkeit und/oder Einsamkeit.

Um *Tamas* zu reduzieren, meiden Sie tamasische Lebensmittel, zu viel Schlaf oder Essen, Bewegungsmangel und Angstsituationen (auch Horror- und Gewaltfilme). Das kann schwierig sein, da diese Tamas die Illusion erzeugt, dass wir im Leben feststecken und wir keine andere Wahl haben, als das zu machen, was wir gegenwärtig tun.

Falls die Stille der regelmäßigen Sitzmeditation in Ihnen ein Gefühl von Tamas erzeugt, machen Sie regelmäßige meditative Spaziergänge und/oder chanten Sie.

BEWUSSTSEINS- UND STIMMUNGSVERÄNDERNDE STOFFE MEIDEN

Wenn Sie eine erfüllende, nachhaltige Meditationspraxis entwickeln und anhaltenden Nutzen daraus ziehen wollen, sollten Sie stimmungsverändernde Substanzen aller Art meiden – unter anderem Kaffee, schwarzen und grünen Tee, Zucker, Alkohol, Tabak, Nikotinpflaster oder Drogen. Das gilt besonders direkt vor dem Meditieren.

Diese Stoffe können temporär die Stimmung verbessern, aber danach fühlt man sich schlechter als zuvor. Im Gegensatz dazu bietet das regelmäßige Meditieren ein natürliches Hochgefühl, das anhält und inneren Frieden bringt.

Wenn Sie Meditation eine Zeit lang praktizieren, werden Sie merken, wie Sie davon profitieren, im gegenwärtigen Moment präsent und konzentriert zu sein. Und Sie werden wahrscheinlich kein Verlangen nach Stimulanzien mehr haben, da das natürliche Hochgefühl erfüllend und anregend genug ist.

Sattvisch	*Rajasisch*	*Tamasisch*
• frische Früchte und Beeren • ungeschwefelte Trockenfrüchte • frisch gepresste Säfte • Bio-Nüsse, -Samen und -Sprossen • Bio-Öle • natürliche Süßmittel wie Honig (für Nicht-Veganer), Ahornsirup und Agavendicksaft • rohes und leicht gegartes Gemüse • Vollkorn, auch in Form von Müsli, Brot, Nudeln • Hülsenfrüchte und minimal verarbeitete Pflanzenproteine • frische Kräuter und Kräutertees • saisonale Lebensmittel aus der Region, die mit einer gewaltlosen Haltung verzehrt werden • Speisen, die mit Sorgfalt und Liebe zubereitet wurden	• Zwiebel und Knoblauch • Chili und pikante Gewürze • zu viel Salz • stark Saures • Industriezucker • kohlensäurehaltige Getränke • Schokolade • koffeinhaltige Getränke, einschließlich Kaffee und Grün- und Schwarztee • Glutamat und andere Geschmacksverstärker • Chips, Knabbergebäck und andere Fertigsnacks • unterwegs essen und nicht ausreichend kauen • Speisen, die mit Wut oder negativer Energie zubereitet wurden	• Fleisch, Fisch, Geflügel, Eier • Essig • Drogen • Tabak, Nikotin • Alkohol • zerkochte, verbrannte oder fermentierte Lebensmittel • frittierte oder alte Lebensmittel • Lebensmittel, die viele Konservierungs- und künstliche Zusatzstoffe enthalten • die meisten Speisen aus Imbissbuden und Fast-Food-Restaurants • Speisen, die hauptsächlich aus finanziellen Gründen zubereitet wurden

Es ist wichtig, *wie* man isst

Für Körper und Geist – und unsere Fähigkeit, zu meditieren – spielt es nicht nur eine Rolle, *was* wir zu uns nehmen, sondern auch *wie* wir essen. Die folgenden Richtlinien werden Ihnen helfen, achtsamer zu speisen – um eine bessere Meditationspraxis zu entwickeln. In der Tabelle gegenüber finden Sie einige wertvolle Tipps.

RICHTLINIEN FÜR ACHTSAMES ESSEN

- Die Zubereitung der Speisen ist wichtig und sollte mit Konzentration und Freude geschehen, damit die Zutaten ihre Nährstoffe lieber an Sie abgeben.
- Drücken Sie vor dem Essen immer kurz Ihre Dankbarkeit aus, entweder in Form eines Gebets oder eines Moments der Stille. Spüren Sie die Wertschätzung, die Sie der Energie und Arbeit, die Ihnen diese Speise ermöglicht haben, entgegenbringen.
- Seien Sie dankbar, dass Sie ausreichend gesund sind und die Aromen und den Nährwert Ihres Essens würdigen können.
- Achten Sie darauf, wie Sie essen – genießen Sie mit allen Sinnen. Machen Sie nichts anderes nebenbei, keine Computerarbeit, kein Fernsehen, kein Telefonieren. Nehmen Sie sich die Zeit und den Raum, um in Frieden zu essen. Wenn wir uns gleichzeitig auf andere Dinge konzentrieren, nehmen wir nicht bewusst wahr, was wir zu uns nehmen.
- Nahrung schmeckt besser, wenn sie achtsam verzehrt wird. Kauen Sie jeden Bissen langsam und ausgiebig, denn die Verdauung beginnt im Mund. Auch ein Geschmack, den wir mögen, regt die Verdauung an. Und wenn wir langsamer und achtsamer essen, *genießen* wir unsere Mahlzeit auch viel intensiver.
- Nehmen Sie manche Mahlzeiten in Stille zu sich, da das einen ruhigen Geist fördert.
- Bewahren Sie eine friedliche Haltung, wenn Sie in Gesellschaft anderer essen. Vermeiden Sie es, laut zu werden und/oder beim Essen zu streiten oder zu diskutieren, da eine solche Aufregung die Verdauung beeinträchtigt.
- Drücken Sie nach dem Essen Ihre Dankbarkeit aus und sei es nur durch einen Moment der stillen Wertschätzung.
- Konsumieren Sie weniger oder kein Koffein, da es anregend wirkt und die wechselhafte Gedankenlandschaft Ihres Geistes erst recht aufwühlt, was es schwierig macht, vor der Meditation zur Ruhe zu kommen.
- Konsumieren Sie weniger oder keinen Zucker, da er leicht anregend wirkt und Ihr Erleben des inneren Friedens beeinträchtigen kann.
- Wenn Sie Fleisch essen, informieren Sie sich über die möglichen negativen Auswirkun-

MACHEN

✔ Mit Liebe und Achtsamkeit kochen

✔ Essen, um zu leben

✔ Dankbar für das Essen sein

✔ Im Sitzen essen

✔ Das Essen bewusst wahrnehmen und genießen

✔ Jede Mahlzeit als Oase der Ruhe im hektischen Alltag betrachten

✔ Das Essen langsam und gründlich kauen

✔ Auf den Körper hören und aufhören, bevor man satt ist

✔ In aller Ruhe essen

✔ Gesunde Lebensmittel essen, um sich zu nähren

✔ Mit der Familie oder mit Freunden essen – oder allein und die Stille genießen

MEIDEN

✘ Keine schnellen Mahlzeiten hektisch zusammenschustern

✘ Nicht leben, um zu essen

✘ Kein Essen verschwenden

✘ Nicht im Gehen essen

✘ Während des Essens nichts anderes nebenher machen

✘ Nicht am Schreibtisch oder beim Telefonieren essen

✘ Das Essen nicht hinunterschlingen

✘ Den Magen nicht überfüllen

✘ Nicht essen, wenn man wütend oder gestresst ist

✘ Nicht zum Trost oder aus emotionalen Gründen essen

✘ Nicht aus Einsamkeit, Traurigkeit, Langeweile und/oder zur Belohnung essen

gen auf Ihren Körper und Ihre Fähigkeit, zu meditieren. Viele Meditierende folgen dem Prinzip der Gewaltlosigkeit (siehe Seite 148) und ernähren sich vegetarisch oder vegan.

- Nehmen Sie große Veränderungen an Ihrer Ernährungsweise schrittweise vor.

ESSEN ALS MEDITATION

Wenn wir meditieren, stellen wir absichtlich alle anderen Aktivitäten ein, um ganz mit uns im gegenwärtigen Moment präsent sein zu können. Bewusst zu essen kann sich ähnlich anfühlen und achtsames Essen ist eine gute Begleitübung für die Sitzmeditation.

Bevor Sie mit dem Essen beginnen, sollten Sie sich die Zeit nehmen, sich Ihre Mahlzeit genau anzuschauen. Nehmen Sie die Farben, die Beschaffenheit und die Zubereitungsart bewusst wahr. Nachdem Sie den Anblick und die Gerüche ausgiebig genossen haben, können Sie die Speise kosten.

Nehmen Sie immer nur einen Bissen auf einmal in den Mund, um den Geschmack und die Konsistenz richtig zu würdigen. Spüren Sie, ob das Essen zäh, hart, weich, knusprig, klumpig, matschig oder knackig ist. Schmecken Sie seine vorherrschenden und dezenteren Komponenten. Nehmen Sie wahr, wie Körper, Geist und Gefühle auf das Essen reagieren und wie sich Lippen, Kiefer und Zunge während des Kauens bewegen.

Halten Sie nach jedem Bissen kurz inne. Kauen Sie jeden Bissen fertig, bevor Sie den nächsten in den Mund nehmen. Bleiben Sie mit jedem Krümel präsent, bis er vollständig gekaut ist, schlucken Sie ihn dann und atmen Sie ein paar Mal ein und aus. Lernen Sie, die Pausen zwischen den Bissen genauso zu genießen wie das Essen selbst.

Praktizieren Sie das meditative Essen mindestens einmal am Tag. Mit der Zeit werden Sie merken, dass Sie ganz automatisch achtsam essen. Dabei nehmen Sie weniger zu sich, genießen die Speisen jedoch mehr.

Betrachten Sie diese Übung jedoch nicht als „Meditation beim Essen“, sondern spüren Sie, wie das Essen an sich schon fast eine Meditation ist.

Eine meditativere Lebensweise:
VEREINFACHEN SIE IHR LEBEN

Wenn Sie ernsthaft mit dem regelmäßigen Meditieren anfangen wollen, hilft es, zu überlegen, wie Sie ein einfacheres Leben mit weniger Ablenkungen führen können. Natürlich müssen Ihre Grundbedürfnisse gedeckt sein, um Ihre Sicherheit und Gesundheit zu gewährleisten, aber vielleicht dreht sich ein großer Teil Ihres Lebens um das Verdienen von Geld, mit dem Sie sich Dinge kaufen, die Sie nicht wirklich brauchen.

Machen Sie sich bewusst, welche Aktivitäten Ihrem Gefühl von Ruhe und Gelassenheit oft im Weg stehen. Das kann zum Beispiel die Überstimulation von Körper und Geist durch bestimmte Lebensmittel und Getränke, Gewaltfilme oder aufwühlenden Lesestoff sein. Die folgenden Tipps werden Ihnen helfen, einfache Veränderungen vorzunehmen und damit Ihre Fähigkeit, zu meditieren, bedeutend zu verbessern.

DER WERT DES AUFRÄUMENS

Wie es in unserem Zuhause und an unserem Arbeitsplatz aussieht, ist ein Spiegel unseres Inneren, was in direkter Verbindung mit unserer Gesundheit und unserer Meditationsfähigkeit steht. Darum empfiehlt es sich, Unordnung und Krimskrams zu Hause und am Arbeitsplatz zu minimieren. Wenn Sie von weniger Zeug umgeben sind, fühlt sich der Geist freier und Sie können sich besser konzentrieren.

MULTITASKING IST EINE ILLUSION

Multitasking wird oft gepriesen, aber tatsächlich macht es uns weniger effizient, da sich der Geist nur auf eine Sache auf einmal konzentrieren kann. Die Gedanken springen jedoch so schnell hin und her, dass man den Eindruck bekommt, an mehreren Aufgaben gleichzeitig zu arbeiten, während man aber nur wertvolle Energie darauf verschwendet, zwischen zwei Dingen hin und her zu wechseln. Lernt der Geist jedoch, sich für längere Zeit auf eine Tätigkeit, also einen Konzentrationspunkt zu fokussieren, werden Sie nicht nur besser meditieren, sondern in allen Lebensbereichen effizienter arbeiten.

FREIWILLIGES SCHWEIGEN

Das freiwillige Schweigen, im Sanskrit *Mauna* genannt, ist eine wirksame Methode, um den Geist zu schonen, reinigen und auf etwas zu konzentrieren. Viele angehende Meditierende versuchen, zumindest eine Stunde am Tag zu schweigen – oder, wenn es die Umstände erlauben – einen Tag in der Woche in völliger Stille zu verbringen.

Das muss nicht schwer sein. Schweigen Sie zum Beispiel, während Sie einen Spaziergang oder Dauerlauf in der Natur machen, Yoga praktizieren oder eine leichte körperliche Arbeit verrichten, etwa Gärtnern oder Gemüse schneiden. Wichtig ist, dass Sie die Aktivität schweigend verrichten, ohne dabei Musik zu hören oder fernzusehen. Machen Sie aber nichts, das körperlich anstrengend ist, bei dem Sie sich stark konzentrieren müssen oder im Geiste Wörter „hören", wie etwa beim Lesen.

Wenn Sie die Reize in Ihrem Umfeld reduzieren, werden Sie schon bald bemerken, wie viel in Ihrem Inneren los ist. Anfangs können verschiedene Gedanken, alte Sorgen und negative Gefühle auftauchen und Sie in Versuchung bringen, das Schweigen zu brechen. Beobachten Sie die Gedanken nur und lassen Sie sie wie Luftblasen, die zum Himmel steigen, einfach von sich wegschweben.

Wie bereits erwähnt, werden Sie, wenn Sie einmal pro Woche eine Mahlzeit in völliger Stille zu sich nehmen, wahrscheinlich merken, dass sich Ihre Verdauung verbessert und sich Ihr Geist nach innen wendet.

Mauna erzeugt einen Zustand der gesteigerten mentalen Wahrnehmung und hilft uns, turbulente Gedanken und Gefühle zu besänftigen, sodass unser Geist zur Ruhe kommen und bedeutend besser meditieren kann.

ELEKTRONISCHES FASTEN (E-FASTEN)

Eine Praktik, die unter Meditationswilligen zunehmend an Beliebtheit gewinnt, ist das „elektronische Fasten", auch „Digital Detox", „digitale Auszeit" oder „Handyentzug" genannt. Dabei hält man sich freiwillig von elektronischen Geräten und digitalen Diensten fern, unter anderem vom Smartphone, vom Internet und von den sozialen Medien. Das Ziel ist es, wieder Zeit und Energie für andere Dinge im Leben zu haben, um nicht rund um die Uhr Ablenkungen und Reizüberflutung ausgesetzt zu sein.

Wählen Sie einen bestimmten Tag in der Woche oder im Monat, an dem Sie weder im Internet surfen noch das Handy benutzen oder fernsehen. Zu Beginn macht Sie die digitale Abstinenz vielleicht nervös, auf längere Sicht werden Sie sich dadurch leichter auf andere Aktivitäten konzentrieren können.

Auch wenn ein totaler Entzug nicht immer möglich ist, kann es schon helfen, digitale Medien nur zu bestimmten Zeiten zu nutzen. Beispielsweise sollten Sie nicht direkt vor dem Meditieren Ihre Nachrichten lesen oder im Internet surfen. Manche Menschen legen auch eine bestimmte Zeit fest, zu der sie ihre Geräte ausschalten, etwa von acht Uhr abends bis acht Uhr morgens.

WENIGER FERNSEHEN UND FILME SCHAUEN

Im Laufe des Tages nehmen unser Seh- und Hörsinn so viele Sinneseindrücke wie möglich auf, was uns einiges an Energie kostet. Verbringen wir weniger Zeit mit unnötigen Sinnesreizen, etwa aus dem Fernsehen und anderen Unterhaltungsmedien, haben wir mehr Energie für andere Interessen und Aktivitäten.

Fernsehen ist grundsätzlich achtsamkeitsfeindlich, da es eine Flucht aus dem gegenwärtigen Moment darstellt. Die Meditation ist jedoch keine Realitätsflucht, denn sie verbessert unsere Fähigkeit, *völlig* im gegenwärtigen Moment aufzugehen. Wenn Sie regelmäßig meditieren, werden Sie wahrscheinlich gar nicht mehr so oft das Verlangen haben, sich sinnlos berieseln zu lassen oder sich Gewaltdarstellungen auszusetzen, da Sie ganz im Hier und Jetzt Ihres gegenwärtigen, echten Lebens präsent und verankert sind.

6 AUFSTEHEN UND IN DIE WELT HINAUSGEHEN

„Dein Umgang mit anderen soll von der Haltung der fünf universellen Gebote beeinflusst werden: Gewaltlosigkeit, Wahrhaftigkeit, Nicht-Stehlen, Enthaltsamkeit und die Abwesenheit von Gier."

Patanjali, *Das Yogasutra*, 2.30

„Befolge in deiner Beziehung zu dir selbst die fünf geistigen Prinzipien der Reinheit, Zufriedenheit, Selbstdisziplin, Selbsterforschung und Aufgabe des Egos."

Patanjali, *Das Yogasutra*, 2.32

Aufstehen und in die Welt hinausgehen:
EINE EINFÜHRUNG

In der östlichen Philosophie ist der Lotos ein häufig verwendetes Symbol. Diese Wasserpflanze ist im Schlamm verwurzelt und je schleimiger und erdiger der Schlamm ist, desto besser scheint sie zu gedeihen. Der Lotos lebt im Wasser, aber seine Blätter werden nie nass oder schrumpelig. Und aus dieser wasserabweisenden Pflanze, die aus dem Schlamm wächst, entwickelt sich eine schöne Blume, die immer zum Licht strebt.

Wäre es nicht wundervoll, wenn wir wie die Lotosblüte leben könnten? In der Welt verankert und stabil, ohne von ihrem Morast beeinträchtigt zu werden und ohne unser Ziel, das „Licht" des inneren Friedens, aus den Augen zu verlieren – und es schließlich durch regelmäßiges friedvolles Meditieren tatsächlich zu erreichen?

Meine intensive Beschäftigung mit Philosophie und der menschlichen Natur führte mich zu dem Schluss, dass dieser Zustand am besten erreicht wird, wenn wir in allen Lebensbereichen Mäßigung praktizieren. Ob Sie sich der Völlerei hingeben oder bestimmten Gelüsten nicht entsagen können, ob Sie Gourmet oder Lästermaul sind – das Meditieren wird Ihnen wahrscheinlich schwerfallen. Wenn Sie sich nicht gesund ernähren oder Ihrem Körper keine Ruhepause gönnen, nachdem Sie ihm alles abverlangen, wird sich die innere Ruhe, die zum Meditieren erforderlich ist, kaum einstellen.

MÄSSIGUNG UND AUSGEWOGENHEIT IN ALLEN DINGEN

Manche glauben, die Meditation sei ein mystischer Weg zu innerem Frieden, aber ihre Grundlagen liegen im ganz normalen Alltag, das heißt, wie wir mit anderen Menschen, mit unserer Umwelt und mit uns selbst umgehen.

Wenn Sie beginnen, regelmäßig zu meditieren, werden Sie merken, dass Ihr Geist konzentrierter und vielleicht auch mächtiger wird. Ohne Ethik, Moral, persönliche Integrität und Disziplin könnte Ihnen diese Macht negative Stolpersteine in den Weg legen.

Schon vor langer Zeit erkannten viele Lehrer, dass ein mächtigerer Geist auch Schaden anrichten kann. Daher integrierten sie in ihren Weisheiten auch Richtlinien zur Lebensführung, um den Geist und unsere Motive rein zu halten, sodass wir gar nicht erst in Versuchung kommen, diese Macht, die der innere Frieden bringt, zu missbrauchen.

In der Tradition des Yoga gibt es solche Regeln in Form von ethischen Prinzipien, die im Sanskrit als *Yamas* und *Niyamas* bezeichnet werden. Sie sind keine strengen, einschüchternden Gesetze, sondern hilfreiche Richtlinien für ein friedliches Leben. Sie ermutigen uns, mehr Bewusstheit, Integrität und Freude zu entwickeln. Wenn Sie diese Grundregeln befolgen, werden Ihre Verhaltensweisen und Gedanken eine positivere Richtung einschlagen, wovon Ihre Meditationspraxis profitieren wird.

Die ***Yamas*** helfen uns, einen gesunden Umgang mit anderen Menschen, unserem Umfeld und dem Leben an sich zu entwickeln. Sie sind also Prinzipien für das Handeln im Außen und sagen uns, wie wir uns achtsam selbst regulieren, um unser Leben zu vereinfachen, andere Menschen friedvoll zu behandeln und unsere innere Ruhe zu verstärken.

Wenn Sie die *Yamas* lernen und praktizieren, entwickeln Sie folgende Qualitäten:

- Gewaltlosigkeit (*ahimsã*)
- Wahrhaftigkeit (*satya*)
- Nicht-Stehlen (*asteya*)
- Enthaltsamkeit von übermäßigen Sinnesgelüsten (*brahmacharya*)
- Freiheit von Gier (*aparigraha*)

Die ***Niyamas*** sind Grundsätze, die sich mit unserer Beziehung zu uns selbst beschäftigen. Sie sind Prinzipien für die nach innen gewandte Erfahrung, die uns positiv bestärken, indem sie uns animieren, die volle Verantwortung für unser Handeln zu übernehmen.

Zu ihnen gehören:

- geistige und körperliche Reinheit (*saucha*)
- Zufriedenheit (*santosha*)
- Selbstdisziplin (*tapas*)
- Selbsterforschung (*swãdhyãya*)
- Hingabe (*ĩshwara-pranidhãna*)

„Oh Freund der Meditation, werde rein. Sei gewaltlos in deinen Gedanken, Worten und Taten. Brich keinem anderen das Herz. Verletze nicht die Gefühle anderer. Füge keinem Schaden zu. Hilf allen. Hab keine Angst vor anderen und mache niemandem Angst.“

Swami Muktananda

Umgang mit anderen und der Umwelt:
DIE YAMAS

Wie Sie im Alltag agieren, wirkt sich auf Ihre Meditationspraxis aus, so wie umgekehrt die Erfahrungen aus dem friedlichen Meditieren Ihr restliches Leben beeinflussen. Wenn Sie sich an die folgenden yogischen Prinzipien – die *Yamas* – halten, werden Sie ein Leben führen, das es Ihnen leicht macht, mit einen ruhigen Geist zu meditieren.

Die *Yama*s können mit einer einfachen, aber wesentlichen Regel zusammengefasst werden: „Behandle andere so, wie du von ihnen behandelt werden willst." Im Folgenden werde ich Ihnen die fünf ethischen Prinzipien kurz vorstellen und Ihnen einige Fragen zur Hand geben, mit deren Hilfe Sie herausfinden können, ob Sie bereits nach ihnen leben.

GEWALTLOSIGKEIT: AHIMSÃ

Die Gewaltlosigkeit (*Ahimsã*) ist etwas, das jeder angehende Meditierende unbedingt praktizieren sollte. Sie bedeutet, dass wir in all unseren Taten, Worten und Gedanken (selbst im Traum) freundlich und mitfühlend zu anderen und uns selbst sind.

Die Art von Gewalt, die vielleicht das größte Hindernis beim Meditieren darstellt, ist jene, die wir gegen uns selbst ausüben, etwa indem wir *uns selbst* schlechtmachen, unseren Körper im Namen der Fitness schinden, uns ungesund ernähren, rauchen und anderes selbstschädigendes Verhalten an den Tag legen.

Ein „gewaltloseres" Leben zu führen ist wichtig, aber Gewaltlosigkeit darf nicht mit Passivität verwechselt werden. Wer Gewalt sieht und nicht aktiv eingreift, um sie zu verhindern, nimmt indirekt selbst an ihr teil.

Fragen Sie sich, ob Sie Gewaltlosigkeit praktizieren:

1. Habe ich oft destruktive Gedanken oder verletze ich andere mit meinen Worten?

2. Ist die Gewaltlosigkeit nur eine Ausrede, um meine Ängste zu verbergen?

3. Denke ich regelmäßig schlecht von mir selbst?

WAHRHAFTIGKEIT: SATYA

Wir praktizieren *Satya*, wenn unsere Worte von unseren Taten gestützt werden – und beides unsere Gedanken widerspiegelt. Stets wahrhaftig zu leben mag unpraktisch oder schwierig erscheinen, aber mit etwas Übung wird es immer leichter.

Als wahrheitsliebende Person sind Sie furchtlos und mächtig, da Sie nichts zu verbergen haben – weder vor sich selbst noch vor anderen. Wenn Sie daran arbeiten, Ihre Gedanken, Worte und Taten wahrhaftiger zu machen, wird Ihr Leben viel harmonischer werden – und Ihre Meditationen tiefer und friedvoller.

Fragen Sie sich, ob Sie Wahrhaftigkeit praktizieren:

1. Wie bereit bin ich, mich unangenehmen Wahrheiten über mich selbst zu stellen?
2. Mache ich oft Versprechungen, von denen ich weiß, dass ich sie nicht halten kann?
3. Erzähle ich oft „harmlose" Halbwahrheiten oder nehme es mit der Wahrheit nicht so genau, um einen persönlichen Vorteil daraus zu ziehen?

NICHT-STEHLEN: ASTEYA

Wörtlich übersetzt bedeutet *Asteya* so viel wie „Nicht-Stehlen", aber dazu gehört auch, großzügig im Herzen zu sein – zu anderen und zu sich selbst.

Man könnte überspitzt sagen, dass man sich bereits im Bereich des „Stehlens" befindet, wenn man mehr als seine Grundbedürfnisse befriedigt und auch seine Wünsche erfüllen möchte. Darum gehört zum Prinzip *Asteya* auch, herauszufinden, was unser Körper, unser Geist und unsere Seele *wirklich* brauchen.

Achten Sie darauf, nicht zu selbstkritisch zu sein und sich weder in Ihrer Meditationspraxis noch in anderen Lebensbereichen mit anderen zu vergleichen. Wenn Sie sich minderwertig fühlen und andere um körperliche Fähigkeiten, Schönheit, Jugend oder spirituelle Erfahrung beneiden, „stehlen" Sie von sich selbst.

Fragen Sie sich, ob Sie Nicht-Stehlen praktizieren:

1. Welche überzogenen Forderungen stelle ich an andere Menschen? Verschwende ich ihre Zeit? Lauge ich sie emotional aus?
2. Passen mein Zuhause und meine Lebensweise zu meinen tatsächlichen Bedürfnissen oder lebe ich im Überfluss?
3. Versage ich mir durch meine Selbstkritik meine eigene Zufriedenheit?

ENTHALTSAMKEIT VON SINNESGELÜSTEN: BRAHMACHARYA

Brahmacharya ist die Kunst der Selbstbeherrschung. Dazu gehört, sich von exzessiven Sinnesgelüsten, die nur Energie verschwenden und das Finden von innerem Frieden erschweren, zu enthalten.

Wenn Sie *Brahmacharya* praktizieren, kultivieren Sie einen gesunden Respekt vor sich selbst und Ihrem Partner/Ihrer Partnerin/Ihren Partnern und haben mehr Energie und Konzentration für Ihre Meditationspraxis.

Fragen Sie sich, ob Sie Brahmacharya praktizieren:

1. Verschwende ich potenziell schöpferische Energien, weil ich mich sinnlichen Gelüsten hingebe oder daran denke?

2. Neige ich zu Extremen? Wie könnte sich mein Leben und/oder meine Meditationspraxis durch mehr Mäßigung verbessern?

3. Wie kann ich meine verfügbare Energie besser nutzen?

FREIHEIT VON GIER: APARIGRAHA

Aparigraha bedeutet, dass man das Verlangen, Reichtum anzuhäufen und zu horten, aufgibt – und dass man nicht mehr glaubt, bestimmte „Dinge" im Leben zu brauchen. Selbst beim Meditieren denken wir vielleicht, dass wir viel zufriedener wären, wenn wir nur einige besondere Techniken beherrschten. Falls das auf Sie zutrifft, meditieren Sie nur *scheinbar*. Erst, wenn Sie sich von Gier und Begierden befreien, werden Sie sich komplett, erfüllt, glücklich und friedvoll fühlen – beim Meditieren und im Leben.

Fragen Sie sich, ob Sie Nicht-Gier praktizieren:

1. Horte ich Dinge, die ich wahrscheinlich nie verwenden werde?

2. Bewerte ich Menschen anhand ihrer Besitztümer?

3. Versuche ich, andere mit meinen eigenen Besitztümern zu beeindrucken?

Ihre Beziehung zu sich selbst:

DIE NIYAMAS

Die *Niyamas* sind yogische Prinzipien, die mit der Beziehung zu uns selbst zu tun haben und besagen, dass wir auf positive Weise Verantwortung für unser Leben übernehmen. Sie geben uns Vorschläge, wie wir uns von negativen Gewohnheiten und Süchten befreien können, sind aber keine strikten Regeln, sondern raten uns, das Gegenteil zu tun.

Um Ihre Meditationspraxis und alle Lebensbereiche verbessern können, möchte ich Sie dazu ermutigen, die folgenden fünf Prinzipien, die *Niyamas*, zu berücksichtigen.

GEISTIGE UND KÖRPERLICHE REINHEIT: SAUCHA

Ohne geistige und körperliche Reinheit zu kultivieren, wird sich Ihnen der innere Frieden vielleicht nie erschließen und das Licht Ihres wahren Selbst wird getrübt sein. Meditation ist am wirksamsten, wenn sie in einem Umfeld der innerlichen und äußerlichen Reinheit auf allen Ebenen praktiziert wird. Dazu gehören die Körperhygiene, das Aufräumen zu Hause und am Arbeitsplatz, eine gesunde Ernährung, das Trinken von reinem Wasser und die Pflege eines klaren Geistes in Form von Praktiken wie dem selbstlosem Dienen (siehe Seiten 154–155) und der Selbsterforschung (siehe Seite 152).

Bei der Reinheit geht es letzten Endes darum, ein Gleichgewicht im Leben zu finden. Wenn Sie in allen Lebensbereichen Sauberkeit pflegen und Ordnung halten, werden Ihre Selbstachtung, Ihre Selbsterkenntnis und Ihre Gelassenheit wachsen und Sie werden wiederholt bestätigt bekommen, dass Sie es wert sind, positive Erfahrungen zu machen.

Fragen Sie sich, ob Sie Reinheit kultivieren:

1. Helfen mir meine Ernährung und meine Freizeitaktivitäten dabei, eine optimale körperliche Reinheit zu erhalten?
2. Was sagt der Zustand meines Wohnbereichs und meines Arbeitsplatzes über meinen geistigen Zustand aus?
3. Wie kann ich meine Gedanken und Gefühle verfeinern, sodass mein wahres Selbst deutlicher erstrahlen kann?

ZUFRIEDENHEIT: SANTOSHA

Zufriedenheit ist der optimistische Zustand des geistigen Wohlbefindens, bei dem man sich auf die positiven Seiten aller Situationen und aller Lebewesen konzentriert. Er bedeutet, friedlich im allgegenwärtigen „Jetzt" zu sein, wo Gedanken wie: „Das hätte ich machen können" oder: „Das hätte ich anders machen sollen" überwunden werden. Er ist also eine dynamische, konstruktive Einstellung, die Ihnen helfen kann, etwas in einem neuen Licht zu betrachten. Wenn Sie mehr *Santosha* entwickeln, sind Ihre Gedanken stabiler und friedlicher und Sie können sich besser konzentrieren – auf die Meditation und auf Ihr Leben im Allgemeinen.

Fragen Sie sich, ob Sie Zufriedenheit kultivieren:

1. Wie zufrieden bin ich mit meinem gegenwärtigen Leben?
2. Wie oft verberge ich meine innere Unzufriedenheit hinter einem Lächeln?
3. Wie kann ich mithilfe von Meditation meine Fähigkeit, im gegenwärtigen Moment zufrieden und gelassen zu sein, verbessern?

SELBSTDISZIPLIN: TAPAS

Tapas bedeutet unter anderem, den Geist dazu zu bringen, etwas zu machen, dass ihm für gewöhnlich schwerfällt, mit dem Ziel, Ihre mentale Stärke und Entschlossenheit zu verbessern. Ein Beispiel: Wenn Sie eine leidenschaftliche Plaudertasche sind, könnte eine wirksame *Tapas*-Übung darin bestehen, jeden Tag eine Stunde lang zu schweigen. Wenn Sie schüchtern sind, könnte es helfen, wenn Sie sich öfter zu Wort melden. Wählen Sie jede Woche etwas anderes aus, das Ihnen schwerfällt, und nehmen Sie sich fest vor, es zu machen. Seien Sie lustiger, wenn Sie normalerweise ernst sind, oder meditieren Sie fünf Minuten länger, als Sie es in der Woche davor getan haben.

Fragen Sie sich, ob Sie Selbstdisziplin kultivieren:

1. Welchen Ängsten habe ich mich diese Woche gestellt?
2. Welche vermeintlichen Einschränkungen habe ich überwunden?
3. Welche anderen augenscheinlichen Hindernisse konnte ich konfrontieren und überwinden?

SELBSTERFORSCHUNG: SWÃDHYÃYA

Bei *Swãdhyãya*, der Selbsterforschung, geht es nicht nur um den Erwerb von Wissen, sondern auch um das Verstehen von Theorie und das Ausführen der dazugehörigen Praxis. Wenn Sie zum Beispiel meditieren lernen möchten, können Sie ein Buch darüber lesen, aber auch einen Kurs zum Thema belegen und/oder einige Vorträge anhören – und die gelernte Theorie dann in die Praxis umsetzen.

Swãdhyãya bedeutet aber auch die Erforschung des eigenen Geistes. Manchmal können sogar negative Gedanken nützliche Lehrer sein, wenn wir sie als „stumme Zeugen" beobachten, denn sie liefern uns Erkenntnisse, wie wir mit unserem Geist konstruktiver zusammenarbeiten können. Führen Sie ein Meditationstagebuch (siehe Seite 160), um sich noch besser mit den Mechanismen Ihres Geistes vertraut zu machen.

Fragen Sie sich, ob Sie Selbsterforschung kultivieren:

1. Was hoffe ich, aus meiner Meditationspraxis zu lernen?
2. Was habe ich als stummer Zeuge meiner Gedanken schon gelernt?
3. Welche negativen Gefühle tauchen am häufigsten auf? Wie könnte ich sie in eine positive Richtung lenken?

HINGABE: ISHWARA-PRANIDHÃNA

Bei *Ishwara-pranidãna* geht es unter anderem darum, das Ego loszulassen und selbstauferlegte Einschränkungen abzulegen, sodass wir uns voll und ganz auf die Meditationspraxis und das Verbinden mit der Energie des Universums konzentrieren können. Erst dann werden wir im Leben wahren Frieden finden.

Das Ego aufgeben bedeutet nicht, dass wir uns ausnutzen oder respektlos behandeln lassen sollen, sondern dass der Geist ruhiger und objektiver wird, sodass wir in jeder Situation die Wahrheit leichter erkennen und konstruktiv mit ihr arbeiten können.

Fragen Sie sich, ob Sie Hingabe kultivieren:

1. Wie kann ich mich voll und ganz meiner Meditationspraxis hingeben?
2. Wie kann ich mein Ego aufgeben, ohne mich von anderen ausnutzen zu lassen?
3. Wie kann ich mich besser mit der Energie des Universums verbinden?

Selbstloses Dienen: Seva

KARMA-YOGA

Das Sanskritwort *Karma* bedeutet wortwörtlich „handeln", aber seine zweite Bedeutung schließt auch den Gedanken *hinter* der tatsächlichen Handlung ein. Außerdem bezieht sich der Begriff auch auf das Ergebnis und die anhaltenden Auswirkungen der Tat. Die Konsequenzen einer Handlung sind untrennbar mit ihr verbunden und bilden somit ihre Fortsetzung; beides gehört zum ewigen Prinzip von Ursache und Wirkung.

Im Gegensatz zur landläufigen Meinung hat *Karma* eher wenig mit Schicksal, Glück oder Pech zu tun, sondern deutet auf einen freien Willen hin. Auch wenn wir die Vergangenheit nicht ändern können, steht es uns in der Gegenwart frei, wie wir auf ihre Auswirkungen reagieren. Wenn Sie Ihr Leben in eine andere Richtung lenken wollen, sollten Sie beginnen, Ihre gegenwärtigen „Handlungen" und Gewohnheiten zu verändern.

Die Grundlage des selbstlosen Dienens, oft auch „Karma-Yoga" genannt", ist es, aktiv zu werden, ohne sich mit der Aktivität zu identifizieren. Dabei betrachtet man den Körper und den Geist als Kanäle, durch die gütige, positive Energie fließen kann, wenn man es zulässt. Es ist nicht leicht, diese Haltung zu entwickeln, aber es lohnt sich, sie zu kultivieren, da sie die Meditationspraxis und das ganze Leben enorm bereichert.

Durch Karma-Yoga oder selbstloses Handeln (siehe Beispiele gegenüber) können Sie Ihrer Meditation – und Ihrem Alltag – eine neue, tiefere Bedeutung verleihen. Nach und nach legen Sie negative Haltungen ab, etwa Eifersucht, Jähzorn oder Überlegenheitsgefühle. Destruktive Gedanken werden durch Demut, Empathie und Mitgefühl ersetzt.

Karma-Yoga macht Ihre Motive rein, sodass Sie nicht mehr egoistisch motiviert handeln und kein Funken von Selbstsucht Ihren inneren Frieden trüben kann. Das, was Sie tun, machen Sie, weil es in Ihren Augen das Richtige ist, und nicht, weil Sie sich ein bestimmtes Ergebnis oder eine Belohnung erwarten.

Allerdings werden Sie wahrscheinlich merken, dass es nicht einfach ist, völlig selbstlos zu dienen. Oft haben wir diese nagende innere Stimme, die sich Dankbarkeit oder zumindest Aufmerksamkeit erhofft. Aber je reiner Ihre Motive werden, desto stiller wird das Geplapper Ihres Geistes.

Behalten Sie aber im Hinterkopf, dass kein Mensch immer nur geben kann. Es ist wichtig, dass Sie sich auch um sich selbst kümmern, etwa indem Sie Bewegung machen, sich gesund ernähren und meditieren. Denn Sie können nur selbstlos dienen, wenn Ihr Körper und Geist in einem guten Zustand sind. Andernfalls wären Sie irgendwann so ausgelaugt, dass Sie nichts mehr in sich haben, was Sie geben können.

Beispiele für selbstloses Dienen

- Werden Sie wahrhaftig großzügig, ohne immer im Hinterkopf zu behalten, welche Person wem etwas schuldig ist.
- Überlegen Sie, wie Sie Ihre Energie am besten zum Wohle anderer einsetzen können. Zum Beispiel könnten Sie mit Hospizpatienten meditieren, ehrenamtlich bei der Tafel arbeiten oder einfach jemanden einen Kaffee ausgeben, etwa einem Kollegen, der gerade eine schwere Zeit durchmacht, oder einer Freundin, die positiven Zuspruch braucht.
- Versuchen Sie ganz bewusst, jeden Menschen, dem Sie im Laufe des Tages begegnen, mit Respekt zu behandeln.
- Praktizieren Sie mindestens einmal am Tag „zufällige Nächstenliebe", vielleicht öfter an Ihrem Geburtstag. Tun Sie das, ohne sich davon etwas für sich oder andere zu erhoffen.
- Gehen Sie großzügig mit Ihrer Zeit und Ihren Ressourcen um. Hören Sie zu oder packen Sie mit an, verschenken Sie etwas oder machen Sie Komplimente. Unterstützen Sie gute Zwecke, in welcher Form auch immer.
- Wenn Ihnen jemand hilft, „geben Sie es zurück", indem Sie wiederum einer anderen Person auf ähnliche Weise helfen.
- Wenn Sie etwas für wohltätige Zwecke spenden, sollten Sie auch Zeit und Mühe opfern. Geben Sie nicht nur Dinge weg, die Sie ohnehin nicht mehr brauchen. Auch wenn Sie ruhig Ihre alten Klamotten an das Rote Kreuz spenden können, so wird diese Handlung weder Ihr Herz öffnen noch eine Haltung der liebenden Güte kultivieren.

Śaucha
APARIGRAHĀ
SATYA
ISHWARA-PRANIDHANA
Santosha
Asteya
BRAHMACHARYA
TAPAS
Swādhyāya
Ahimsā

7
MOTIVIEREN SIE SICH, ANZUFANGEN UND WEITERZUMACHEN ...

„Die Freude liegt im Inneren; meditiere.“
Swami Muktananda

„Säe einen Gedanken und ernte eine Handlung. Säe eine Handlung und ernte einen Gewohnheit. Säe eine Gewohnheit und du erntest eine Persönlichkeit. Säe eine Persönlichkeit und du erntest ein Schicksal.“
Ralph Waldo Emerson

Motivieren Sie sich zum Meditieren

In diesem Buch habe ich Ihnen einige Anregungen gegeben, die Ihnen helfen sollen, das Meditieren zur Gewohnheit zu machen. Ich hoffe, dass auch all jene, die bereits regelmäßig praktizieren, aber aufgrund körperlicher und mentaler Hindernisse keine Fortschritte machen, einen Nutzen daraus ziehen können. Aus jahrelanger Erfahrung als Lehrerin weiß ich, dass es vielen Menschen schwerfällt, eine regelmäßige oder dauerhafte Meditationspraxis zu entwickeln. Häufig werden Zeitmangel, fehlende Selbstdisziplin oder zu viele Ablenkungen im Alltag als Gründe genannt.

Dieses Kapitel soll Ihnen noch weitere Ideen liefern, wie Sie sich motivieren können, mit dem Meditieren anzufangen oder damit weiterzumachen. Ich habe es in verschiedene Schwerpunkte unterteilt: Meditationsvorsätze fassen, Affirmationen nutzen, ein Meditationstagebuch führen, achtsames Tagebuchschreiben, Rückzug der Sinne, mit anderen meditieren sowie Dankbarkeit und liebende Güte praktizieren.

MEDITATIONSVORSÄTZE FASSEN: SANKALPA

Das Fassen von Vorsätzen wird in vielen Yoga-Traditionen *Sankalpa* genannt und aktiviert unsere Empfänglichkeit für positive Veränderungen im Leben, die wir selbst herbeiführen können. Wir selbst entscheiden, wie wir leben und welche Eigenschaften wir in unserer Meditationspraxis oder im Leben allgemein verstärken oder kultivieren wollen.

Ein „Meditationsvorsatz" sollte eine kurze, positive Erklärung sein, in der Sie sich selbst gegenüber versprechen, zu meditieren, und dazu die Zeit und Dauer festlegen. Wenn Sie möchten, können Sie zusätzlich auch andere Praktiken und/oder Qualitäten, die Sie erlernen oder entwickeln wollen, erwähnen.

Alle Vorsätze, die Sie fassen, sollten zu Ihren größeren Zielen im Leben passen. Vielleicht möchten Sie allgemein ruhiger werden, weniger emotional reagieren, sich weniger ärgern und mehr Bewegung machen. Vermeiden Sie unspezifische Aussagen wie: „Ich werde versuchen, im Laufe des Tages zu meditieren", „Ich möchte erleuchtet werden" oder „Ich werde meine Meditationszeit einhalten". Die Vorsätze sollten detailliert und machbar sein, zum Beispiel: „Diese Woche werde ich jeden Tag um 7 Uhr morgens 10 Minuten lang Atemübungen machen und dann 20 Minuten meditieren. Ich werde mich auf (die gewünschte Eigenschaft) konzentrieren und (was Sie sonst noch planen)."

Anschließend **visualisieren** Sie, wie Sie das tun, was Sie vorhaben. Diese bewusste, achtsame Methode der Zielsetzung wird Ihnen helfen, zu erkennen, dass Sie bereits alle Voraussetzungen erfüllen, um Ihre Vorsätze in die Tat umzusetzen.

AFFIRMATIONEN NUTZEN

Um Ihre Meditationsvorsätze einzuhalten, können Sie auch Affirmationen einsetzen. Das sind positive Aussagen, die immer wieder gedanklich oder laut aufgesagt werden. Diese Praktik soll negative Muster in positive umwandeln.

Affirmationen funktionieren nach der Prämisse, dass unsere Persönlichkeit und unser Leben von unseren Gedanken geprägt werden. Wer sich für schwach hält, wird sich mit den Herausforderungen des Lebens schwertun. Wer die Welt als einen Ort der Freude wahrnimmt, wird Freudiges erleben. Je öfter man einen Gedanken wiederholt, desto einflussreicher wird er.

Affirmationen sollten immer bejahend und positiv formuliert sein. Vermeiden Sie Wörter wie „nicht" oder „kein", wenn Sie sich eine Affirmation ausdenken. Auch Wörter, die Zweifel oder Bedenken ausdrücken, wie etwa „könnte", „sollte", „vielleicht", „versuchen" und „hoffen", sind nicht zu empfehlen, genauso wenig wie das Wort „aber".

Am besten verwenden Sie für Ihre Affirmationen die grammatikalische Gegenwartsform – als ob sich Ihr Vorsatz schon *jetzt* erfüllt – und die erste Person Einzahl. Ein Beispiel für eine einfache Affirmation könnte etwa wie folgt aussehen: „Ich meditiere jeden Tag." Oder: „Ich atme tief und das mache ich gern."

Positive Aussagen wie diese, die Sie zu verschiedenen Tageszeiten wiederholen, können Sie erden und inspirieren, sodass Sie weiterhin an der Entwicklung und Fortsetzung Ihrer Meditationspraxis arbeiten.

DIE BESTEN TIPPS, UM MOTIVIERT UND INSPIRIERT ZU BLEIBEN

- Fassen Sie **Meditationsvorsätze** für jede Woche. Setzen Sie sich spezifische, realistische und erreichbare Ziele.
- **Visualisieren** Sie, wie Sie das tun, was Sie vorhaben.
- Machen Sie einen **Wochenplan**, auf dem das Meditieren ein Termin ist.
- Formulieren Sie **Affirmationen**, die mit Ihren Zielen übereinstimmen und wiederholen Sie sie im Laufe des Tages immer wieder.
- Führen Sie ein **Meditationstagebuch**, um Ihre Fortschritte zu dokumentieren.

Ein Meditationstagebuch führen

Eines der wirkungsvollsten Hilfsmittel, um sich zu motivieren und inspirieren, ist das Führen eines Meditationstagebuchs. Das stärkt Ihre Entschlossenheit und nimmt jeden Tag nur wenige Minuten Ihrer Zeit in Anspruch.

Ein Meditationstagebuch ist etwas ganz anderes als ein normales Tagebuch, in dem Sie alles mögliche aus Ihrem Leben niederschreiben. Das Meditationstagebuch ist eine objektive Übersicht über Ihre tägliche Meditationspraxis – die sitzende/theoretische sowie die praktische, die Sie im Alltag ausüben (wie in diesem Buch beschrieben) – und dokumentiert einige Faktoren, die Sie im Auge behalten wollen (siehe Beispiel gegenüber).

Die Fragen, die Sie sich dafür stellen, sind davon abhängig, welche Ziele und Meditationsvorsätze Sie zu einem gegebenen Zeitpunkt verfolgen. Quantität soll dabei immer wichtiger sein als Qualität.

Auf der gegenüberliegenden Seite finden Sie eine Beispielseite aus einem Meditationstagebuch – die jedoch nur der Anschauung dienen soll und keine Vorgabe ist.

Hier sind einige Tipps, die Ihnen mit Ihrem Tagebuch helfen sollen:

- Schreiben Sie zuerst das Datum auf. Das ist wichtig, wenn Sie die wöchentlichen Fortschritte dokumentieren wollen.
- Formulieren Sie dann Ihren „Meditationsvorsatz" für die Woche (gemäß der Anleitung auf Seite 158) und schreiben Sie ihn oben auf die Seite.
- Erstellen Sie eine Liste mit Fragen für sich selbst, um Ihre Schwerpunkte und Ziele zu überblicken. Schreiben Sie so viele oder so wenige Fragen auf, wie Sie möchten. Am besten notieren Sie jede Woche neue Fragen, die zu Ihrem neuen Meditationsvorsatz passen.
- Es gibt Spalten, in denen Sie jede Frage täglich beantworten können. Diese sollten Sie *jeden* Tag ausfüllen, am besten, bevor Sie zu Bett gehen. Wenn Sie einen Tag auslassen, werden Sie sich wahrscheinlich nicht mehr genau daran erinnern, was Sie gemacht haben und verlieren Ihren Fortschritt aus den Augen.
- Im Laufe der Woche können Sie bei Bedarf weitere Fragen hinzufügen.
- Werten Sie am Ende jeder Woche Ihre Antworten aus – um zu sehen, wie es gelaufen ist und ob Sie glauben, Ihren Meditationsvorsatz für die Woche erfüllt zu haben. Wenn ja, dann ist das großartig. Wenn nicht, analysieren Sie, warum Sie es nicht geschafft haben und passen Sie aufgrund Ihrer Erkenntnisse den Meditationsvorsatz und die Fragen für die kommende Woche dementsprechend an.

Meditationsvorsatz für die Woche:

Ich werde jeden Morgen um ____ Uhr ____ Minuten lang meditieren **und** ich werde ebenfalls *(andere achtsame Tätigkeiten, die Sie planen)* ______________________

____

____

	Mo	Di	Mi	Do	Fr	Sa	So
1. Wie lange habe ich meditiert?							
2. Wann habe ich mit der Meditation begonnen?							
3. Wann habe ich meine Meditation beendet?							
4. Allgemeine Qualität meiner Meditation (1–10)							
5. Wie viel Zeit habe ich mit Pranayama verbracht?							
6. Wie lange habe ich Yoga/ Körperübungen gemacht?							
7. Wie viele Tassen Kaffe/Tee habe ich getrunken?							
8. Wie viel Zeit habe ich schweigend verbracht?							
9. Wie lange habe ich in mein Tagebuch geschrieben?							
10. Wie viel Zeit habe ich mit Lernen verbracht?							
11. Wie oft habe ich heute beobachtet, dass ich Frust oder Wut verspürte?							
12.							

Achtsames Tagebuchschreiben

Achtsames Tagebuchschreiben ist eine Praktik, die Ihnen große Inspiration für das Meditieren liefern kann. Es unterscheidet sich vom normalen Tagebuchschreiben, bei dem man einfach das Tagesgeschehen dokumentiert (das Aufzeichnen von alltäglichen Erlebnissen bewirkt aber keine Veränderungen in Ihrem Leben), und hat auch nichts mit dem Führen eines Meditationstagebuchs (siehe Seite 160) zu tun.

Ein Achtsamkeitstagebuch kann Ihnen wirklich helfen, Ihr inneres Erleben zu entwickeln. In ihm notieren Sie jeden Tag Ihre persönliche Reaktion auf bestimmte Fragen, die Sie sich selbst stellen und die auf Ihrem gegenwärtigen Leben basieren. (Im Kasten auf der nächsten Seite finden Sie einige Beispiele, welche Art von Fragen gemeint sind.)

Das Niederschreiben Ihrer Gedanken kann auch helfen, Ideen und Eindrücke, die manchmal während des Meditierens im Kopf auftauchen, zu verarbeiten und zu klären. Das Führen eines Achtsamkeitstagebuchs legt Ihnen Ihre Erfahrungen und Gefühle offen, sodass Sie sie deuten können. Es kann Ihnen auch helfen, Prioritäten zu setzen, sich selbst besser zu verstehen und positive Veränderungen herbeizuführen.

ENTMACHTENDE GEDANKEN LOSLASSEN

Ein Tagebuch zu führen kann Ihnen auch zeigen, welche negativen Denkmuster Sie haben, sodass Sie daran arbeiten und sie umkehren können. Vielleicht sabotieren Sie Ihre Meditation und Ihren inneren Frieden, indem Sie regelmäßig entmachtenden Gedanken nachhängen, zum Beispiel „das kann ich nicht" oder „ich bin ein hoffnungsloser Fall". Solche Gedanken, die auf einem negativen Selbstbild beruhen, sind eine Form der Gewalt, die viele Menschen gegen sich selbst richten, ohne sich dessen bewusst zu sein.

Statt so hart zu sich zu sein, nehmen Sie beim Schreiben einfach wahr, auf welche Art Sie sich durch Ihr negatives Selbstbild, das sich im Laufe der Jahre entwickelt hat, selbst schaden. Dann können Sie allmählich Maßnahmen ergreifen, um das zu ändern.

WIE MAN EIN TAGEBUCH FÜHRT

Um Tagebuch zu schreiben, müssen Sie weder gern noch „gut" schreiben. Grammatik, Rechtschreibung und Stil spielen keine Rolle. Schließlich wird niemand außer Ihnen Ihre Einträge lesen.

Sie bringen nicht Ihre Memoiren zu Papier, sondern beobachten nur Ihr eigenes Innenleben. Sie arbeiten mit der einzigartigen Kombination aus Erfahrungen und Gefühlen, die Ihr Wesen und Ihre Persönlichkeit ausmachen.

BEISPIELFRAGEN FÜR DAS ACHTSAMKEITSTAGEBUCH

- Wie nachsichtig bin ich gegenüber meinen eigenen Fehlern?
- Bleibt mein Geist ausgeglichen, auch wenn ich mit Menschen zu tun habe, deren Verhalten ich als unethisch empfinde?
- Wie reagiere ich, wenn meine Versuche, eine regelmäßige Meditationspraxis zu entwickeln, scheitern?
- Was sind meine Stärken – wie blockiere ich mich selbst, wenn es darum geht, sie auszubauen?
- Welche Selbstzweifel lasse ich mein Leben kontrollieren?
- Lasse ich zu, dass andere mich verletzen, weil ich keine Grenzen setze?
- Inwiefern habe ich vielleicht Angst, Erfolg zu haben?
- Suche ich ständig die Anerkennung durch andere Menschen?
- Neige ich dazu, perfektionistisch zu sein und nie etwas so gut zu machen, wie ich es gerne hätte?

Machen Sie sich keine Gedanken, wie ein Tagebuch aussehen *sollte*. Ich finde, ein schlichtes Notizbuch eignet sich besser als ein besonders schönes, bei dem man dann Angst hat, es zu „ruinieren“ – oder wo man sich fragt: „Ist das gut genug, um dokumentiert zu werden?“ Schreiben Sie jeden Tag mindestens 10 Minuten lang in Ihr Tagebuch.

- Notieren Sie sich Datum, Zeit und alle Themen, die Ihnen wichtig sind.
- Vermerken Sie zu Beginn Ihre Gefühle, damit Sie sie mit jenen, die Sie nach dem Tagebuchschreiben empfinden, vergleichen können.
- Stellen Sie sich dann Fragen, die zu den gewählten Themen passen, und beobachten Sie Ihre geistigen Reaktionen. Dabei müssen Sie zu keinem Schluss kommen; Sie können später immer noch zu bestimmten Punkten zurückkehren und sie neu bewerten.
- Schreiben Sie auf, was immer Ihnen in den Sinn kommt: Gefühle, Überlegungen, Vorstellungen oder anderes – ohne zu zensieren.
- Wenn es Ihnen hilft, lassen Sie sich von den Gedanken, die auftauchen, zu neuen Fragen für Ihr Meditationstagebuch inspirieren. Falls Sie sich zum Beispiel müde fühlen, könnten Sie Fragen zu Ihrer Bettzeit oder Schlafdauer formulieren.

Rückzug der Sinne: Prãtyãhãra

Ihre Sinne sind das Medium, durch das Sie die Welt wahrnehmen; sie lenken unsere Aufmerksamkeit meist nach außen, was das Meditieren erschwert. Die Yoga-Praktik *Pratyahara* (Rückzug der Sinne) hilft uns, die Sinne zu kontrollieren, und inspiriert uns, viele der Ablenkungen, die uns beim Meditieren stören, auszuschalten.

Der alte indische Gelehrte Patanjali beschrieb *Pratyahara* als die fünfte Disziplin seines achtgliedrigen Pfades des Yoga, manchmal auch „das vergessene Glied des Yoga" genannt. Im Kontext von Patanjalis Ansatz ist *Pratyahara* das Zurückziehen der Aufmerksamkeit von jeglicher Stimulation der Sinne. So, als würde man in seinen persönlichen Isolations- oder Floating-Tank schlüpfen und möglichst viele Außenreize ausschalten.

Zu einem teilweisen *Pratyahara* kommt es zum Beispiel, wenn wir ein fesselndes Buch lesen und gar nicht hören, dass jemand unseren Namen ruft. Auch wenn unser Gehör perfekt funktioniert, ist unsere gesamte mentale Energie so stark auf den Sehsinn konzentriert, dass alles andere ausgeblendet wird.

Häufig wird *Pratyahara* mit Achtsamkeit verwechselt. Tatsächlich handelt es sich aber um sehr unterschiedliche Ansätze. *Pratyahara* ist eine Art „geistiges Fasten", bei dem auf den üblichen Genuss einer Fülle von Sinneseindrücken verzichtet wird. Dabei hindert der Geist die Sinne daran, sich nach außen zu richten, um Reize wahrzunehmen und zu verarbeiten. Im Idealfall wird sämtliche Stimulation der Sinne vermieden. Im Gegensatz dazu wendet man sich bei der Achtsamkeitspraktik bewusst dem Außen zu und *nutzt* die Sinne, um die Aufmerksamkeit auf das Erleben des gegenwärtigen Moments zu richten. Man konzentriert sich auf einen bestimmten Punkt im Körper oder im unmittelbaren Umfeld.

Es kann hilfreich sein, vor dem Meditieren darauf zu achten, dass die geistige Energie nicht „entweicht", da man sich sonst schwieriger konzentrieren kann. Ein vielleicht passender Vergleich: Wenn Sie einen Eimer mit Wasser füllen, sollten Sie zuerst sicherstellen, dass der Boden keine Löcher hat, aus denen das Wasser wieder herausfließt.

Um die Sinne vor Außenreizen zu verschließen, geben Sie Ihrem Geist am besten etwas im Inneren, worauf er seine Aufmerksamkeit lenkt, etwa ein Geräusch oder ein Mantra, das in Gedanken immer wiederholt wird, sodass er sich darauf konzentriert.

Sobald Sie verhindert haben, dass die geistige Energie entweicht, müssen Sie sie fokussieren. Yogis nennen das *Dharana* (Konzentration), die Vorstufe zu *Dhyana* (Meditation). Wenn Sie diese Zustände erreichen und Ihren Fortschritt auf dem Weg zur inneren Ruhe erkennen, werden Sie motivierter sein, auch weiterhin zu meditieren.

Mit anderen meditieren

Das gemeinschaftliche Meditieren kann sehr motivierend und inspirierend sein, vor allem für Anfänger. Es gibt verschiedene Arten, mit anderen zu meditieren, darum sollten Sie ein bisschen herumprobieren und herausfinden, welche am besten zu Ihren Bedürfnissen und zu Ihrer Persönlichkeit passt.

MEDITATIONSGRUPPEN: SANGHA

Wenn Sie bei sich zu Hause nicht die nötige Ruhe finden, um zu meditieren, können Sie sich einer Meditationsgruppe anschließen. Zu wissen, dass Sie zu einer bestimmten Zeit an einem bestimmten Ort sein müssen, kann Sie animieren, regelmäßiger zu praktizieren.

Das Meditieren in der Gruppe hat auch den Vorteil, dass Sie Gleichgesinnte finden können, die Ihre Lebensweise unterstützen. Im Sanskrit wird so eine Gemeinschaft *Sangha* genannt. Ihr *Sangha* kann eine Gruppe sein, die sich regelmäßig an einem bestimmten Ort trifft, eine Online-Community oder einfach ein Meditationspartner. Viele Menschen finden, dass Ihnen die Energie einer Gruppe die benötigte Inspiration liefert.

MEDITATIONS-RETREATS

Vielleicht halten Sie die Herausforderungen des täglichen Lebens davon ab, zu meditieren und Fortschritte auf dem Weg zu innerem Frieden zu machen. Manchmal hilft es, sich eine Zeit lang aus dem Alltag zurückzuziehen, um die Seele zu nähren.

Ein Meditations-Retreat ist eine großartige Möglichkeit, das zu tun. Dort haben Sie genug Zeit und Raum, um zu meditieren, in sich zu gehen und/oder zu beten. Außerdem werden Sie dabei von erfahrenen Lehrern unterstützt. Ein Retreat ist eine Auszeit vom Stress und den Ablenkungen des Alltags, sodass Sie ein wenig Alleinsein und Stille genießen können.

Es gibt ein großes Angebot an Retreats, die Ihnen helfen können, neue Kräfte zu tanken, sodass Sie inspiriert und vitalisiert zurückkehren. Probieren Sie einige aus, um einen oder mehrere zu finden, die Ihnen die gewünschte Unterstützung bieten.

MEDITATIONSLEHRER

Es ist schwierig ist, die eigenen Schwächen objektiv zu betrachten, aber oft sind es genau diese Schwächen, an denen wir am meisten arbeiten müssen. Ein Lehrer kann wie ein Spiegel sein und Ihnen Ihre Stärken und Schwächen aufzeigen, während Sie sich unter seiner Führung weiterentwickeln können.

Ein bekannter Spruch besagt: „Wenn der Schüler bereit ist, wird der Lehrer auftauchen." Wenn Sie bestimmte Führung brauchen und Sie offen dafür sind, werden Sie durch Ihre eigenen Meditationen und reinen Absichten einen Lehrer finden.

Selbst wenn Sie nicht nach einem persönlichen Mentor suchen, hilft es Ihnen vielleicht, Vorträge von Lehrern in Ihrer Umgebung zu besuchen oder ihre Bücher zu lesen, um herauszufinden, welcher Stil und welche Techniken für Sie stimmig sind.

Dankbarkeit und liebende Güte praktizieren

Wenn Sie Ihren Geist schnell und effektiv auf die Haltung der Meditation einstimmen wollen, kann das Praktizieren von Dankbarkeit eine tiefgehende, langanhaltende Wirkung haben. Ich empfehle Ihnen, jeden Tag Ihre Dankbarkeit in irgendeiner Form auszudrücken. Sie können für alles und jeden in Ihrem Leben dankbar sein, etwa für gute Gesundheit, eine liebevolle Familie, einen erfüllenden Beruf, Beziehungen zu interessanten Menschen und vieles mehr.

Zeigen Sie Anerkennung und Dankbarkeit für alle Lektionen und Situationen, die zur Entwicklung Ihrer Meditationspraxis und Ihrer Persönlichkeit beigetragen haben, auch für die schmerzhaftesten Lernerfahrungen, die Sie durchgemacht haben. Ich glaube, wenn Sie das tun, statt auf Ihre unerfüllten Wünsche fixiert zu sein, werden Sie beim Meditieren voller Freude sein und das Gefühl haben, dass es Ihnen an nichts fehlt. Sie können auch ein Dankbarkeitstagebuch führen und darin jeden Abend drei positive Dinge eintragen.

Liebende Güte, die wir uns selbst und anderen entgegenbringen, sowie der Wunsch, unser Glück mit allen Wesen zu teilen, wird *Metta* genannt. Eine Haltung des *Metta* zu entwickeln wirkt sich nachweislich verbessernd auf die Qualität der Meditation und des Lebens an sich aus. Sie hilft, dass wir uns positiver, motivierter und inspirierter fühlen.

Die bewusste Entscheidung, anderen Menschen nur Gutes zu wünschen, verleiht uns ein Gefühl der Zufriedenheit und des Wohlbefindens, ähnlich dem Hochgefühl, das viele Sportler empfinden, wenn sie herausragende Leistungen erbringen. Sie bewirkt, dass die Lust- und Belohnungszentren im Gehirn aufleuchten und der Körper Endorphine ausschüttet. Sie ist auch ein wirksames Gegenmittel bei Gefühlen wie Egoismus, Frust, Wut und Angst. Wenn Sie negative oder selbstsüchtige Emotionen loslassen, geben Sie Ihrer Meditationspraxis mehr Raum und Bedeutung.

LIEBENDE-GÜTE-MEDITATION

Eine *Metta*-Meditation beginnt immer mit einer liebevollen, wohlwollenden und freundlichen Haltung sich selbst gegenüber. Sobald Sie diese Einstellung verinnerlicht haben, können Sie liebende Akzeptanz und Güte auch anderen Menschen gegenüber praktizieren. Die folgende Übung sollte über einen längeren Zeitraum ausgeführt werden.

- Setzen Sie sich in Ihrer gewählten Meditationshaltung hin. Schließen Sie die Augen und richten Sie Ihre Aufmerksamkeit auf die Mitte Ihrer Brust. Stellen Sie sich vor, dass dort eine geschlossene Rosenknospe sprießt.
- Beobachten Sie, wie sich die Knospe langsam öffnet. Spüren Sie, wie sich Ihr Herz mit ihr öffnet. Heilsame Wärme entströmt dem Zentrum Ihres Herzens und erzeugt in jedem Teil Ihres Körpers ein Gefühl des Wohlbefindens.
- Wiederholen Sie im Geiste: „Möge ich glücklich sein. Möge ich gesund sein. Möge ich mit Leichtigkeit leben, frei von Leid." Machen Sie in den ersten Tagen oder Wochen nur das. Gehen Sie erst zum nächsten Schritt über, wenn Sie bereit sind.
- Stellen Sie sich das Gesicht eines lieben Menschen vor, etwa einer Freundin oder eines Familienmitglieds. Spüren Sie seine Gegenwart und sagen Sie in Gedanken: „Möge ... glücklich sein. Möge ... gesund sein. Möge ... mit Leichtigkeit leben, frei von Leid."
- Wenn Sie das verinnerlicht haben, machen Sie den nächsten Schritt und denken Sie an jemanden, den Sie nicht so gut kennen, vielleicht einen Nachbar oder eine Arbeitskollegin. Sagen Sie im Geiste: „Möge ... glücklich sein. Möge ... gesund sein. Möge ... mit Leichtigkeit leben, frei von Leid."
- **Zu guter Letzt** – im schwierigsten Teil der Übung – denken Sie an eine Person, die Sie in irgendeiner Form verletzt hat oder die Sie nicht mögen. Spüren Sie, wie Ihr Herz dieser Person Mitgefühl sendet, während Sie wiederholen: „Möge ... glücklich sein. Möge ... gesund sein. Möge ... mit Leichtigkeit leben, frei von Leid."

Beschließen Sie Ihre Meditation, wenn Sie möchten, mit dem Sanskrit-Mantra *lokah samasta sukhino bhavantu.* Das bedeutet: „Mögen alle Wesen in allen Welten glücklich und frei sein." Die korrekte Aussprache ist dabei unerheblich. Wichtig ist nur Ihre ernsthafte Absicht, liebende Güte zu praktizieren.

Häufig gestellte Fragen

F. Wie merke ich, dass ich beim Meditieren Fortschritte mache?

A. Am besten merken Sie es daran, dass Sie generell zufriedener und weniger gestresst sind. Mit der Zeit wird es Ihnen wahrscheinlich auch leichter fallen, sich auf die innere Stille einzustimmen, und Sie werden sich friedvoller fühlen.

F. Wenn ich meditiere, wird mein Geist noch unruhiger. Was soll ich machen?

A. Das ist eine Phase, die vorübergeht. Der Geist fängt an, reiner zu werden, und jede tiefsitzende Negativität, die in Ihnen verwurzelt ist, wird losgelassen. Machen Sie sich keine Gedanken darüber – und identifizieren Sie sich nicht mit der Unruhe, sondern seien Sie ein stummer Zeuge Ihrer Gedanken und Gefühle.

Hören Sie auf keinen Fall mit dem Meditieren auf. Wie bei jeder reinigenden Praktik kommt es anfangs oft zu einer scheinbaren Verschlechterung, aber schon bald werden Sie die Vorteile des regelmäßigen Meditierens bemerken.

F. Wird mich das Meditieren zu entspannt/benebelt für meine Karriere machen?

A. Das Meditieren schärft unsere Konzentration, darum sollte es Sie effizienter machen, sodass es Ihnen leichter fallen wird, berufliche Erfolge zu erzielen.

F. In meinem Alltag gelingt es mir nicht, den friedvollen Geisteszustand, den ich während des Meditierens erlebe, aufrechtzuerhalten.

A. Das ist nur eine Frage der Übung – Übung, die Sie durch regelmäßiges, ernsthaftes Meditieren erlangen. Damit trainieren Sie Ihren Geist, sich auf bestimmte friedvolle Punkte zu konzentrieren, und wenn Sie das auch weiterhin machen, wird das Gefühl von Ruhe und Frieden, das Sie beim Praktizieren verspüren, allmählich auch alle anderen Lebensbereiche durchdringen.

F. Wie lange sollte ich nach dem Essen warten, um zu meditieren?

A. Direkt nach einer Mahlzeit wird Ihnen das Meditieren schwerfallen, da der Großteil Ihrer Energie in die Verdauung fließt. Warten Sie mindestens zwei Stunden, bevor Sie meditieren. Die beste Zeit für eine Meditation ist jedoch, wenn der Magen komplett leer ist, etwa morgens direkt nach dem Aufstehen.

Wenn Sie lieber abends meditieren, nehmen Sie Ihr Abendessen am besten vor Sonnenuntergang zu sich und meditieren Sie 2–3 Stunden später.

F. Ich bekomme oft Muskelkrämpfe, wenn ich im Sitzen meditiere. Was kann ich dagegen tun?

A. Machen Sie die verschiedenen Übungen, die in diesem Buch enthalten sind und Ihnen dabei helfen können – aber auch Ihre Ernährung könnte eine Ursache sein. Vielleicht ist der Elektrolythaushalt Ihres Körpers aus dem Gleichgewicht geraten und Sie müssen einige lebenswichtige Mineralstoffe zuführen, vor allem Kalzium, Magnesium und Kalium. Nehmen Sie mehr Nahrungsmittel wie Bananen, Süßkartoffeln, Papayas, Spinat, Nüsse, Joghurt oder Kokoswasser zu sich und sehen Sie, ob Sie einen Unterschied bemerken. Mineralstoffe können bei Bedarf auch in Form von Nahrungsergänzungsmitteln zugeführt werden.

Meiner Erfahrung nach hilft es vielen Menschen, die zu Beinkrämpfen neigen, täglich einen Teelöffel Apfelessig und Honig mit etwas Flüssigkeit zu sich zu nehmen, um Linderung zu verspüren.

Veganer haben manchmal einen Mangel an Vitamin B12, was ebenfalls Muskelkrämpfe verursachen kann. In diesem Fall ist die Einnahme eines Vitaminpräparats zu empfehlen.

Falls Sie während des Meditierens dennoch einen Krampf im Bein bekommen, bleiben Sie ruhig, strecken Sie das Bein aus und massieren Sie es sanft, bis sich der Muskel wieder entspannt. Meditieren Sie dann ganz normal weiter.

AM WICHTIGSTEN: SCHIEBEN SIE DEN BEGINN IHRER MEDITATIONSPRAXIS NICHT AUF. FANGEN SIE HEUTE AN UND MEDITIEREN SIE REGELMÄSSIG.

Im Geiste der Dankbarkeit danke ich Ihnen für diese Gelegenheit, mein Wissen mit Ihnen zu teilen. Welcher Tradition oder welchem Weg der Meditation Sie auch folgen werden, mögen Sie große Freude im Leben finden.

OM Shanti, Shanti, Shanti – Frieden, Frieden, Frieden

Weiterführende Literatur/Informationen

Nehmen Sie Kontakt zur Autorin Swami Saradananda über ihre
Website auf: yogamentor.yoga
Folgen Sie ihr auf Instagram: @yoga_mentor

BÜCHER

Dulce Jiménez, Antje Schulze, *Schmerz lindern mit Yoga*, Librero, 2019

Dulce Jiménez, Antje Schulze, *Vitalität lebenslang mit Yoga*, Librero, 2020

Bell, Charlotte, *Yoga for Meditators*, Rodmell Press, 2012

de Vries, Jan, *Neck and Back Problems*, Mainstream Publishing, 2004

Iyengar, B. K. S., *Licht auf Yoga*, O. W. Barth, 1993

Johnson, Will, *Meditieren in der richtigen Haltung*, Herder, 1999

Stern, Eddie, *One Simple Thing*, North Point Press, 2019

Andere Bücher von Swami Saradananda

Chakra-Meditation, Librero, 2018

Atem – Kraftquelle deines Lebens, TRIAS, 2009

Entdecke die Kraft der Mudras, Lotos, 2016

Kriyas – Die reinigende Kraft des Yoga, Irisiana, 2020

REGISTER

DANKSAGUNG

Swami Saradananda möchte sich bei allen Schülerinnen und Schülern, die an ihrem Kurs „Teach Meditation“ teilgenommen haben, herzlich bedanken. Sie lieferten die Inspiration für dieses Buch, das zu einem großen Teil auf dem Inhalt dieses dreimonatigen Kurses für fortgeschrittene Yogalehrer basiert.